U0058021

生死一線牽

超越失落的關係重建

張淑美、吳慧敏　合譯

The Infinite Thread
Healing Relationships beyond Loss

Alexandra Kennedy

First published by Beyond Words Publishing, Inc., Hillsboro, Oregon.
All rights reserved.

獻給　Jon

目錄

作者簡介

艾麗珊卓拉‧甘迺迪

　　艾麗珊卓拉‧甘迺迪是位心理治療師，執業於美國加州的聖塔庫魯茲鎮（Santa Cruz），也是《喪親之慟》（*Losing a Parent*）（Harper, San Francisco, 1991）的作者，二十五年來一直在大學、安寧病房、教會，以及在專業組織中主持工作坊與演講；也擔任加州州立大學聖塔‧庫魯茲分校進修推廣部的教師。她的文章曾刊載於《瑜珈期刊》（*yoga Journal*）、《樂為人母》（*Mothering*）雜誌，以及《加州治療師》（*California Therapist*）中。她曾接受「新女性」（New Woman）、「今日美國」（USA Today）、「聖荷西使者新聞報」（San Jose Mercury New）、「舊金山偵測報」（San Francisco Examiner），以及「波士頓先鋒報」（Boston Herald）等平面媒體的訪問，也在NPR'S「說說國家」（Talk of the Nation）、美國CNN兒童的 "Sonja Live"，KQED的「家庭脫口秀」，以及「新向度電台」接受專訪。需和本書作者聯繫，可直接到 www.alexandrakennedy.com 查詢或寫信到 Alexandra Kennedy P.O.Box 1866 Soqul, CA 95073

譯者簡介

譯者吳慧敏（左）、
張淑美（右）博士出
席加拿大多倫多2001
年ADEC年會，合影
於張淑美發表的壁報
論文看板前。

張淑美

學歷：國立高雄師範大學教育學系哲學博士
　　　美國加州州立大學 Fresno 校區博士後研究
現職：國立高雄師範大學教育學系教授
經歷：中學教師、大學助教、講師、副教授
　　　教育部高中暫行課程綱要生命教育類科「生死關懷」科
　　　研擬
　　　教育部「推動生命教育諮詢委員會」第四、五、六屆委員
　　　台灣生命教育學會終身會員與第一、二屆理事
　　　高雄市政府「殯葬設施審議委員會」委員
　　　佛教蓮花臨終關懷基金會「生死教育委員會」委員
　　　世界宗教博物館生命領航員聯誼會諮詢委員

著作：專著《死亡學與死亡教育》（高雄：復文）
　　　　　《生命教育研究、論述與實踐——生死教育取向》
　　　　　（高雄：復文）
　　　編著《中學生命教育手冊》（台北：心理）
　　　審訂《生與死的教育》（台北：心理）
　　　校閱《如何成為全人教師》（台北：心理）
　　　　　《生命教育——全人課程理論與實務》（台北：
　　　　　心理）
　　　　　《生死一線牽——超越失落的關係重建》（台北：
　　　　　心理）
　　　　　《學校為何存在？美國文化中的全人教育思潮》
　　　　　（台北：心理）
　　　合著《生命教育》（台北：心理）
　　　　　《實用生死學》（台中：華格那）
　　　主譯《生命教育——推動學校的靈性課程》（台北：
　　　　　學富）
　　　發表生死學、生命教育等相關研究與論述著作數十篇

吳慧敏

　學歷：澳洲新南威爾斯大學教育學博士
　現任：佛光大學學習與數位科技學系副教授
　經歷：澳洲新南威爾斯大學研究助理、助教、兼任講師
　　　　南華大學教育社會學研究所專任副教授
　　　　南華大學教育生死學研究所兼任副教授
　　　　International Network on Personal Meaning 終身會員
　　　　美國死亡教育與諮商學會會員（2001-2002）

原書推薦序

　　很難想像有一天我們每個人都會死。死亡是生命中最孤單的事，把人驅使到一個完全的未知，留下原本熟悉的一切。沒有人能與你同行，一旦你離開了，便不能再回頭。沒有人知道你去哪裡，你不會傳回任何信息，不會留下任何記號，也沒有人會再次看到你的臉。

　　死亡是最令人害怕的前景。假如能忘記死亡如何在我們身邊迴蕩，則不啻是人類最不可思議的成就之一。後現代消費主義的文化已經將死亡排除在外，外界充滿無止境令人分心的事物，防止人們把注意力集中在死亡身上；即使死亡被容許浮上枱面，也被溫和的形象與偽裝的語言給中立化了。

　　然而，在內心某處，每個人都能想起，透過我們脆弱避難所的隙縫，我們依然瞥見死亡的形影，我們知道死亡終將來到！死亡總是知道我們住在哪裡。因此，打從心底我們領悟到，我們與死亡的對話不能無止境地拖延。諷刺的是，一旦我們開始這個對話，必然地，我們竟發現死亡不是一個粗野的毀滅性怪物。死亡有如一口神聖的井，在那兒，不朽的永世流向我們、與我們同在。與死亡的對話是轉化對死亡恐懼和否認的開始；有時候只有在我們失去所愛的人時，這個對話才會開始，並變得真實。這是艾麗珊卓拉・甘迺迪（Alexandra Kennedy）的著作美麗與巧妙

的地方。

　　艾麗珊卓拉‧甘迺迪以相當溫和的方式引進瀕死及死亡的話題。她感情豐富而細膩的寫作手法將死亡的真相描寫得絲絲入扣；她用神話、故事和經驗的資料作為了解瀕死的途徑，讓悲傷的喚起不再像是走進枯竭荒涼的沙漠，而像是漫步在充滿回憶、驚訝和新奇的花園。本書是一本非常實用的工具書，對許多被拋棄在一個飽受驚嚇的開端然後就一路受創的人而言，會有莫大的幫助。本書富涵想像，讓我們透過想像的途徑，喚回那隱藏在表面之下的微妙存有。

約翰‧歐唐納修

（John O'Donohue）

中文版二刷序

　　很感謝一切的機緣，促成本書中文版的問世。由於這不是一本以理論為主的教科書，或許會購買與閱讀的讀者，多限於對生死、失落與悲傷議題有興趣或本身也面臨類似經驗的社會大眾，比較少是為修習課程需要而研讀的學生。雖然，它似乎不易成為熱賣的暢銷書，然因其主題清晰地指引如何面對與處理失落與悲傷以及失落關係的重建，因而有機會直接幫助需要獲得協助與治療的朋友們。因此，實際上因需要而主動閱讀的讀者，比被動修課的大學生還多。

　　自第一刷印行以來，我們兩位譯者都陸續收到讀者的迴響與意見，多位分享他們遭逢失落與哀慟經驗時的感受與關係網路中的親友之反應，活生生地與書中描述的案例雷同；也有讀者敘說與她感情至深已過世多年的母親，多次在她重大人生轉捩點時栩栩如生地出現在夢中，夢醒時依然清晰感受到母親握手的感覺；也有讀者真的用書中的練習和在生死邊緣中的至親長輩做深摯的心靈溝通，竟然讓久臥病床早已無法表達的至親熱淚盈眶，聽來令人感動不已！有讀者說書中所述的哀悼失落之心境、情感的轉折與關係的重建，也正是自己悲傷歷程的寫照，讓自己終於願意面對壓抑多年的失落與悲傷。更有好幾位讀者遭逢友人有喪親之慟，不知如何安慰，便送此書讓朋友可以得到自助的指導……。

看來這本書似乎已不只是書，而是一條條牽繫著吾人內在與外在、人我之間、生死之間真切情感的絲線，並且相互交織、不斷擴散，成為人際之間珍貴的、緊密的關係網路。如此，我們兩位譯者也不只是翻譯人而已，而是榮幸的牽線人。這真是奇妙的因緣，也是我們最大的報酬。

感謝讀者們的支持與鼓勵：謝謝高師大成教所的文宣高手，幫忙製作精美溫馨的大海報，張貼在醒目的公布欄，讓許多學子隨時閱讀我的導讀文章；感謝高雄師大教育系「生命教育碩士專班」第一屆研究生同學對本書的愛護，不僅人手一冊，還發心捐贈本書給各高雄市國小，感謝該專班研究生陳得添老師仔細閱讀本書，協助校訂一刷版的些許疏漏；感謝修習我開設於高雄師大市民學苑之「生死心理與教育」課程的學員，同樣也因自己閱讀後受益，發心購買百本與人結緣……。再次感謝與懇請讀者繼續給予指正與支持，並祈盼協助推介本書之理念：簡言之，即是本書導讀標題所揭示的——「面對死亡，活過悲傷，發現希望」！最後，誠摯祝福讀者生活充實、平安喜樂！

張淑美 謹識
民國九十三年七月

中文版二刷序

謝誌

　　我要特別感謝我的經紀人和編輯荷・比內特（Hal Bennett），由於他的照顧，這本書（還有我的第一本書《喪親之慟》）得到許多智慧指引，以及得以找到適當的出版商；辛西亞・布萊克、李查・柯恩（Cynthia Black, Richard Cohn）、以及超越言語出版社（Beyond words Publishing）的員工們給予這本書那麼多的關愛。詩人約翰・歐唐納修（John O' Donohne）惠賜序言，他強而有力的信息及優雅的文字，讓我不禁屈膝崇拜。也要特別感謝芭芭拉・柯納（Barbara Connor）如此溫和而堅持及體貼地傳送序言。

　　我要由衷地感謝一些人：我在超個人心理學研究所的學生，他們的貢獻大大地充實了這本書；羅伯特・弗雷格爾（Robert Frager）將我帶進超個人心理學的領域；我的當事人面對悲傷時的勇氣帶給我的靈感；還有在工作坊、信及訪談中分享他們故事的人，你們的分享賜福了我的生命，我希望它也能賜福更多其他人的生命。為了尊重當事人的隱私，我已將其姓名與容易被辨識出的細節加以更改，除非當事人不希望我如此做。

　　感謝給予我愛、精神支持及新想法的朋友——謝謝你們，我多麼希望能有更多的空間可以一一地向你們致謝，但是我會將對你們的感激深植我心。我也要謝謝我夢工作坊的成員他們每星期

的心靈浸淫。謝謝加州大學分校的貝蒂‧富勞爾斯（Patty Flowers），謝謝她的友誼以及對我的信心——讓我嘗試在這主題的第一堂課，在此向她致上愛的感恩。我深深的感激貝斯‧威特基恩‧麥克雷歐（Beth Witrogen McLeod's）過去十年來熱心地支持我的工作；她有關關懷的著書感人肺腑，也幫助了好多人。我的老師，特別是史蒂芬‧雷凡、詹姆士‧希爾曼及凱納斯‧瑞茵（Stephen Levine, James Hillman, and Kenneth Ring），他們在有關死亡、悲傷及想像的專長對我的工作及這本書有深遠的影響。我永遠感謝上帝在這時將喬依‧克利福特帶進我的生命歷程，她的笑及愛滲透到我的每個細胞。

　　我的家人永不止息的愛、慷慨——特別是我的母親、丹梵和貝斯、鮑伯和東恩——以及我的父親，他一直在我心中培育著我。特別值得感謝的是，我的兒子貢獻他的擁抱、熱情擊鼓及青少年的觀點，我衷心感恩有這麼一個貼心、又有才華的孩子。外子僑恩一直是我最嚴厲的評論人及最大的支持。他的愛、智慧及指引滲透在本書中及我生命中的每個層面，經過了三十多年的婚姻，他是我生命的愛更勝以往。謹將這本書獻給他。

謝誌

xi

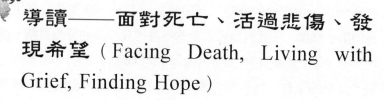

導讀——面對死亡、活過悲傷、發現希望（Facing Death, Living with Grief, Finding Hope）

一、面對死亡

　　有生有死雖是自然的法則，但是死亡帶來與所愛的人「天人永隔」的打擊，卻往往讓人哀慟逾恆，傷悲不已。無怪乎吾人總是把死亡排拒在生命的思考中，把死亡當成是生命的對立，否認死亡本來就活在生命中！忽視生死本是一體兩面，把死亡當成是隔絕、斷滅的一道無法跨越的牆，會使人無法正視死亡的存在，以致於吾人不是輕忽死亡、浪費生命，就是恐懼死亡、擔憂生命！

　　如果我們正視死亡和生命的關係，死亡其實是在生命的連續線上，我們多活一天，也是邁向死亡一天。死亡不必然隔絕我們與過世的人，它可以是生命的轉捩，如同一扇門，門後另有去處；所愛並未消失，只是離開此世，透過某些方式也許我們會再重逢！如是看待死亡與生命，我們當珍惜活著的每一天，盡量讓每天的生命活得充實而有意義。誠如哲學家蒙太涅曾說：「你在生的時候便已在死。既然我看到了我的生命在時間上是有限的，我就想從份量上拓展它。……在短促生命的範圍內，我必須使它更加深刻、更加充實。」而生離死別的失落未嘗不是讓我們重新反省生命、檢視與所愛的人關係的機會；經歷悲傷，也讓我們細

懷與寬恕，為生命帶來全新的活力與希望！

二、活過悲傷

　　本書作者艾麗珊卓拉·甘迺迪旁徵博引許多著名的研究心靈、夢、想像與生死學的大師之論述，透過一個個感人至深的實例，告訴讀者生死並非天人永隔，死亡不是斷滅，而是轉變。透過各種內在溝通技巧，我們可以接觸到和往生的所愛的人重新聯繫的內在關係，並且提供強有力的治療、解答，甚至指引的機會，也是重生與新希望的機會！承認悲傷、走過悲傷，才能充分地生活。在緒論與第一篇「從心觀照」──第一章「內心中鮮活的存在」，作者即開宗明義告訴讀者，吾人可以透過內在想像的練習和已逝者聯繫，並且提出兩個改變失落感受的觀點，亦即**「你所愛的人繼續活在你之內；透過你的想像，你可以接近這個關係」**（p. 6）。

　　第二篇為「向內修通」，共五章。作者以許多當事人的實例與各種想像的練習，教導許多延宕多年或者並未正視失落與悲傷的存在、沒能好好哀悼失落、老老實實走過悲傷的人，可以透過內在的管道與溝通的技巧，和瀕臨死亡以及已逝的人溝通、聯繫與修好。第二章中說明吾人可以充滿愛與寬恕地「與瀕死的人溝通」，協助雙方安心放下、面對死亡；第三章則舉出各種不同形式與作用的夢境來介紹夢、潛意識對治療失落與悲傷的作用，作者認為**「相信夢的智慧，它們使你和潛意識裡無限龐大的想像領域接觸，在那兒有充足的資源可以深入探索失落及治療失落」**

（p. 75）；如果暫時無法夢到、等不到期待的夢，悲傷的人還可以透過寫信與想像逝者可能給的回信（第四章），或者透過和往生者的「對話」（第五章），以及「透過心像的聯繫」（第六章）等等內心的、潛意識的途徑與失去的所愛的人聯繫、溝通、化解未解決的議題、表達思念、滋生寬恕，進而能夠放下舊傷痛（letting go）、繼續新生活（moving on）！

第三篇則是「往外和合」，共有六章，是向外探討實際生活中如何因應死亡事件帶來的關係重建。尤其是在家庭中，一個家人的死亡會對既存的家庭關係與模式帶來解構的衝擊與重建更健康關係的希望：第七章介紹「一個死亡事件之後的家庭溝通」、第八章為如何「和伴侶重建關係」、第九章為「和孩子重建關係」。特別是在第九章中，作者很細心地介紹如何和兒童討論死亡與瀕死，以及如何透過完成想像的神話故事來幫助兒童表達與化解悲傷，例如所舉的六歲男孩凱西以「兄弟之愛」的故事描寫弟弟如何精確地報復吃掉雙胞胎哥哥的怪物的過程與結果，最後發現他可以讓哥哥繼續活在心中，讀來令人印象至深與感動。死亡事件也讓我們檢視和朋友的關係，深刻省思究竟需要什麼樣的友誼品質？第十章是「和朋友重建關係」，說明如何協助哀悼者走過悲傷，對於一般想幫忙又不知如何著手的朋友而言，提供許多非常實用的方法。令人驚訝的是第十一章提到「治療代代相承的悲傷」，我們竟然有可能不知不覺背負過去累積的未處理的悲傷，透過制約與教養方式傳遞著世代的悲痛！著實深刻地提醒吾人必須好好正視哀悼失落的重要性，以免將未解決的悲傷有意無

意地傳給下一代。

三、發現希望

　　第十二章則回到平凡的「治療日常的失落」上，作者慈悲地提醒我們這些忙碌的現代人：「**我們一生終將經歷許多失落，但我們也因失落、分離與放手而活著；這些反而是這個變動的世界中最基本的部分，我們試圖去認為如果我們保持忙碌的話，將可以避免失落之痛，以為我們可以封閉心靈來保護自己；然而，也正是這些未經哀悼的失落在傷害我們的內心、破壞與鈍化著我們**」（p. 234）。筆者很喜歡作者引用詩人約翰·歐唐納修的說法：「**失落清除了舊的，也造就了新事物的空間，失落提供一個有活力的心靈大掃除**」（p. 235）以及大衛·懷特的詩句：「**掉進悲傷之井的靜止表面之下，才會發現我們所飲用的泉源**」（p. 236）。因此，我們也應該感謝失落與悲傷，讓我們發現生命的活力與泉源。

　　最後的「結尾」同樣精闢、溫柔而有力，禁不住要再引歐唐納修的話：「**願您了然缺席意涵充滿溫柔的出現，而且沒有任何事情曾經失去或遺忘；願悲傷的哀愁之井，化為沒有遺憾的存在之泉**」（p. 243）。作者把生死如何能夠一線牽、如何重建失落之後的關係，歸類為三個階段，讓讀者有清晰的步驟可循。然而，本書的體貼與妙美尚未結束，作者特地在附錄中把全書各章的要點與練習擷取出來，讓讀者和書中當事人一起與悲傷共舞、活過悲傷之後，得到歇息、反省與咀嚼的機會，對於失落與悲傷

帶來的解構與重建關係，得致清明的、深刻的印象。

四、結語：感恩與祝福

　　筆者仔細拜讀本書、校閱修改文字不下十餘次，每次都得到低迴不已的感動與省思。尤其對於透過想像、夢與對話，竟然能和過世多年、甚至幾十年的親人栩栩如生地對話、表白與互動，剛開始頗為震撼、覺得不可思議。但是一次次地以敬重心靈神秘性的態度來接納與欣賞書中舉出的實例與練習，筆者認為我們不用去爭論究竟是已逝者真的從另外一個世界來與在世者相會、溝通？抑或是在世者自己的心念與想像所變現的？我想，重點在於內在溝通的技巧真的讓我們觀照內心、釋放悔恨、滋養出無盡的愛與寬恕！而這樣的愛與寬恕的確帶來真正的治療與重建的作用。人世間許多生命的奧妙與神秘，吾人可能需要虛心接納、懷著感激與敬重來看待。

　　本書之譯成，首先要感謝心理出版社總編輯吳道愉先生大約在兩年前將此書交給筆者初審是否有翻譯的價值，初閱時筆者覺得此書非常特別，尤其有很多實例，應是很親切易懂而實用，不過並非是嚴謹教科書的撰寫方式，也許不符出版社的出書原則。很敬佩吳總編輯的回覆是：「只要是對吾人的心理、心靈有裨益的書，即使不符商業效益，也是值得出版的」，此話打動筆者一向對生死學、生命教育推動的初衷——不為己利，但求有助於眾生！因此答應接下翻譯工作。為求慎重，筆者特邀請中英文造詣俱佳的好友，佛光大學教育資訊所教授吳慧敏博士一起來做苦

工，她負責前半部到第六章，筆者負責第三篇之後的後半部，兩人都在繁重的教學負荷中擠出時間翻譯。大致從去（91）年暑假正式動筆，我們完成初稿均先自校多次，再兩兩交換校閱，直到今（92）年年初才放心交出「初步完稿」。感謝執行編輯林怡君女士竟然比我們還仔細，一次次不厭其煩地檢查細節，也讓我們又一次次地再校閱，真是非常辛苦。有時不免覺得我們姊妹倆真是傻，做這種吃力又沒學術聲譽的事……，但因為我們多多少少也有和書中的當事人一樣的悲傷經歷或正面臨至親瀕死的失措與哀慟，本書正好提供指引與幫助，也就是付出當中我們自己就先受益了！

衷心期盼讀者能和我們一樣先騰出原先對死亡、失落與悲傷的根深蒂固的看法與態度，以全新的觀點與心境來接納作者的舉證與分享，或許您也會欣賞、感動、敬重那種「理性批判」所不能達到的神秘性與靈性，讓我們的心柔軟起來、虛心學習生死的大功課──「愛與寬恕」！不僅得到心靈的大掃除，並且發現嶄新的生命泉源與希望！衷心祝福您！

張淑美

謹誌於高雄師大「生死書齋」

民國九十二年八月

緒論

　　父親死後的頭一年，悲傷程度的強烈和力量，使我屈服、謙卑，也使我感到害怕。即使我自己有精神治療醫師的醫療經歷，仍然尚未準備好迎接那來自內心深處有如潮汐般翻覆著我的情緒潮；我還沒準備好去面對那難以忍受的孤獨感，那自己也終將一死的清醒意識，以及我的人際關係的改變等等。父親的過世影響我生活的每個層面——重組我的內在，打破舊結構，掀起未解決的議題，也把所有的事情都變成問題。

　　悲傷像分娩一樣，活化了那一波波洶湧而至的原始衝力，填裝我的是苦惱、渴望、抒解、憤怒、沮喪、麻木、絕望、內疚，以及常常令人難以忍受的痛苦，我沉陷在一個無法減緩或停止的衝動中。這些衝力是非理性的、不合理的、不可預測的；如此失去控制的感覺真是令我害怕。在生與死的陰影下，我接觸到一股大於我的力量——一種使我謙卑和人性化的體驗。

　　我們常常被悲傷所阻礙；我們試圖壓抑、縮短、延遲或忽視它。我們害怕被征服、變成沒有功能的，擔心「如果我開始哭，就會停不下來」。許多人抗拒悲傷，因為我們認為所經歷的悲傷反應是不正常的，也擔心朋友會覺得不舒服而與我們疏離；因為我們活在一個期待快速解決和避免痛苦的文化，所以我們有太早把自己從悲傷中拉回原狀的傾向。事實上，可能有相當大的壓力

生死一線牽：超越失落的關係重建

是來自朋友和家人要我們「振作起來，繼續你自己的生活」。

　　但是悲傷比我們的抵抗力還強而有力。在悲傷時感到混亂、脆弱、孤獨、被壓得喘不過氣是很自然的，雖然它也令人很不舒服。即使我們能壓抑它，我們還是得和生活妥協。我們不得不封閉自己，我們承受不了去接近、碰觸任何會引起悲傷的事物，未解決的悲傷會在我們的生活中以各種症狀出現，像慢性身體疾病、沮喪、耽癮和強迫性的行為。然後在往後的時間中，經常是在最不被期待的時候，突然爆發出來。

　　我們怎能屈服於悲傷的波潮？我們該如何才能即使陷入悲傷之中也不會有被征服的感覺？我們如何彌補我們的遺憾？我常常勸告悲傷的人要建一個庇靜所（sanctuary），一個神聖不可侵犯的地方，在那兒你可以每天和你的悲傷同坐。我鼓勵你用這個時間去探索因悲傷而起的強烈情緒和想法——你可以寫、哭、笑、靜坐、祈禱，或只是坐在那兒。在那兒設一個供桌（altar），放一些照片、特別的物品、蠟燭和花，這會很有幫助。這個庇靜所是在忙碌生活中一個能敬重我們的悲傷的場所，這是我們可以沉浸於我們的悲傷，以及讓它在我們身上起作用的地方。每次使用我們的庇靜所，我們都能得到滋養和力量，讓我們能在這悲傷過程中繼續走下去。隨著時間過去，我們也許會愈來愈不需要這個庇靜所，但我們還是可以用這個地方來檢視自己是否還有未處理的悲傷。

　　如果你想知道自己是否在逃避或壓抑你的悲傷，我建議你每天至少使用你的庇靜所十五分鐘——用那個時間去傾聽、放慢下

來，以及檢視自己的內在。如果你感覺很好，沒有其他的事浮現，那很好，但仍得持續地自我檢視，這樣才能誠實面對自己的悲傷。

我把庇靜所當做治療悲傷的核心策略，它是一個可以讓人完全釋放悲傷而不會讓人覺得有被壓得喘不過氣的地方。花一點時間獨處很重要，和別人分享悲傷也一樣重要。很多人在悲傷中感到孤立，甚至有被排斥的感覺；然而和有相同經驗的人在一起時，會使人有解脫與安慰之感。

我父親死後的第十二週年祭日，我帶領一個全天的「失落之後」（After Loss）工作坊。早上時，每個參與者簡短地分享他們的故事，話語中摻雜了眼淚，有時是深深地啜泣。在我右邊的女士兩年前失去了她六歲的女兒；我左邊的女士她弟弟在宏都拉斯的軍事轟炸中喪生，屍體一直沒找到。另外兩位女士的成年兒子自殺；有一位母親正經歷成年女兒突然病逝的悲傷……。很多的參與者已失去父母，有些是失去丈夫，在那個房間裡充滿許多的悲傷，以至於有時我們覺得我們集體的心都要破碎了。每個失落都是我們自己的失落；每個失落都被接納與分享。這些人大部分以前從沒有如此自在地和別人談起他們的悲傷。輪到一個年輕婦人說話時，她告訴我們，她的朋友堅持認為她的悲傷持續太久了，「他們完全不了解我是如何熬過，我只想知道我沒事，我不是瘋了才悲傷成這樣子的！」她所需要的也正是我們都需要的支持和鼓勵。

在我們坐著的圓圈裡放著已逝所愛的人的照片，照片中他們

生死一線牽：超越失落的關係重建

的臉上洋溢著的生命現在已離開了。我父親的照片也在那兒，他穿著一件黃色毛線衣，倚在我雙親的那艘甲板船的欄杆，厚厚的灰髮很整齊地往後梳。他仰望著天空，一道微光橫過他的臉，他知道自己很快就將旅行到一個更神秘的地方嗎？當我看著那張照片時，我能憶起父親以前的樣子，而且當我閉上眼睛時，感覺當下就和他在一起——我們的關係比我所能想像的更加甜蜜、更加親近。

開啟和父親的內在關係，是我的悲傷歷程所帶來的最大驚喜和禮物。我被迫在父親生病期間發展這層關係，以回應我的預期性悲傷。癌症被診斷出來之後，我開始對我們之間的關係感到急迫，我們相處的時間快結束了；但是我父親仍繼續他以往的生活方式，拒絕談到這威脅生命的疾病。

當我對他的癌症及我們之間關係的沉默感到極度苦惱時，我本能地在我的房間開闢一個庇靜所，在我床邊的書架上放著父親的照片、花，以及他給我的特別禮物。在他生病期間，我每天坐在這個供桌前，對我的悲傷敞開心胸。每次坐在我的庇靜所時，我闔起雙眼，毫無顧忌地開放自己，讓任何事物浮現。我父親的影像很自然地開始裝滿我想像中空蕩的空間。幸運地，我用過想像（imagination），也信任想像的智慧，我並沒有用「那只是想像而已」來打發那些體驗。在我內在出現的父親讓我得到安慰和啟發，雖然在當時我並不清楚這會把我帶到哪裡。

幾個星期過後，我了解到隨著父親的生命漸漸消逝，我們之間的內在關係卻逐漸發展。在我的內在世界中，我們可以談論過

去的創傷、失望和感激，我們也談論有關他的死亡。他痛得抽搐時，我握住他的手；我因悲傷落下眼淚而顫動時，他握住我的手。他看起來開放而脆弱，這從我們以前的外在關係來看是不可思議的。當這個內在關係逐漸變強時，我也覺得更能接受外在關係的限制。在他生命的最後幾星期中，我可以在醫院裡用開放的心靈與愛坐在他旁邊，不必再等候和期盼一個恰當的時間來和他談談我們的關係，我覺得可以很平和地和他在一起。當他進入昏迷狀態時，我仍然可以用內在的方式和他聯繫。

父親在一九八八年去世，那是我們外在關係的結束，雖然死亡轉化了我們的關係，但父親仍活在我的內在世界中。在我的夢中和內在旅程裡，他比生前更溫和也更脆弱。他更有智慧了，我有困惑的問題尋求他的建議時，他好像可以看到事情間不易察覺的關聯，而且有更寬廣的視野。他從我們的家庭動力中分離，且很有幽默感地建議我和母親相處之道。以前的舊傷害對他似乎不再重要了，他也不再對以前消耗他生命的嗜好感到興趣；在他生命的最後三十年，他覺得有衝勁要在法人組織的世界裡成功，早上五點起床去上班，很晚才回家——即使癌細胞已吃進他的骨頭之後還是一樣。在我的內在中，死後的他似乎是一個能平靜看待自己的人。

大部分的人將死亡視為結束，是最後的失落。我們假定任何妥協的可能都沒了，但這只是另一個在我們哀悼時限制與阻礙我們的觀念。在許多其他文化裡，生與死之間沒有不能穿越的牆。《紐約時報》（*New York Times*）在一九九六年頭版有篇文章標

題為〈對農村的日本人而言，死亡並沒有中斷家庭關係的牽連〉。該文例舉一個農村的婦人每天早上為她已逝的丈夫供奉餐飯，和他說話，並且在她的腦中似乎聽到他的回應。她確信她的丈夫在九年前的伐木意外死亡後已經改變了，而且自從他死了之後，他們之間的關係也變得更深化了。他以前嚴厲又獨裁，但她發現他現在親切和藹多了。文章中說：「浦本先生（Mr. Tsujimoto）雖然已經死了，但他並沒有消失。就像在日本普遍的情形一樣，他在屋內仍保有受尊敬的存在，常常接受家人對重要議題的諮詢。」

蘇琪‧米勒（Sukie Miller）在她的著作《人生的最後一堂課》（*After Death*）*發現其他的文化也有相同的主題：「我的研究讓我習慣於一個觀念：這個世界有更大部分的人可以接近另一個國土。對很多人而言，死亡的國土是無庸置疑的，就好像舊金山對紐約人、非洲對巴西人一樣的確定。這才是活在完整的現實裡，而不是只活在看得到的世界。透過世界各地人們的重要想像，我們每個人都可以接近邊界外的國土。」（Miller, p. 46）

死亡不必然會把我們和我們所愛的人完全隔開。透過夢和想像的技巧，我們可以接觸到和所愛之人的內在關係，這個關係提供強有力的治療、解答，甚至指引的機會，但也是最沒被好好利用的機會。我最大的喜悅就是提供人們這樣的途徑，讓他們發現及探索和已逝所愛之人的關係。我目睹了許多深度的治療、突破及微妙的轉變——即使是背負多年的怨恨和遺憾也一樣可以產生

---

* 譯註：中文版由陳旻萃譯，平安文化出版。

這種轉變。

　　很少人能完全地表達我們對他人的愛。因為害怕受傷害，當需要承認對他人的愛時，我們發現自己變得不願意那麼脆弱和開放。即使我們努力避免傷害和怨恨，它們仍不可避免地在我們和家人及朋友的關係中擴大。沒讓它透透氣，打開天窗開誠布公的話，那麼這些傷害會封閉我們的心，也製造我們和所愛之人的距離，讓表達愛和感激變得更困難。因此當所愛的人死亡時，我們會為那些來不及說的話感到無限的遺憾。意識到那最後僅有的談話機會都沒了時，即使只是一聲再見，還是會令人感到極度的痛苦。我有很多當事人談到母親、祖母、姐妹時表示：「我多麼希望在她死前就告訴她我愛她。」這些未完結的事（unfinished business）會讓我們無法放下（letting go）和繼續（moving on）我們的生活。在我們的悲傷中，舊恨、遺憾和未表達的愛會侵蝕我們產生創傷並且傳染到我們其他所有的關係。

　　在工作坊的下午，參加的人從事一系列的練習活動，來培養和一個已過世的人在場的連結。我鼓勵他們對當下的關係開放，不要執著於過去的記憶，這些過去的記憶不但會凍結過去的關係，也會讓死後所發生的任何轉化或改變的體驗，變得不可能或變得困難。在下面的幾章中，你將會讀到一些他們的故事。例如艾倫，剛開始時拒絕把任何工作坊練習的焦點放在她所憎恨的父親身上，後來她經歷了和他之間不可思議的突破。還有瑪麗安，找到兒子自殺後一直困擾著她的疑惑的答案。

　　在那些照片後面是一面大窗戶，透過窗戶，我們可看到一棵

櫻桃樹開滿火焰般紅色及粉紅色的花，它們顫動著生命，好像在提醒我們：承認悲傷，才能充分地生活。如果我們已充分地哀悼，有一天我們將能擺脫黑暗的路徑進入新生活，用新眼睛、新視野來看事物，以新活力來體驗生活，每個時刻都成為珍貴的、擁抱生命驚奇的機會。亞伯拉罕‧馬斯洛（Abraham Maslow）寫道：「在後現代的生活裡，每件事都變得珍貴，變得極度重要。你會被各種事物刺傷，被花、嬰兒、美麗的東西等等所刺傷。」一天下來，當我看著那些纖嫩、半透明的花時，我不禁被它們的美所刺痛──因為它是如此的短暫，怎不令人歎息啊！

當一天的工作坊結束後，我開始收拾筆記，當我把父親的照片塞進手提箱的口袋時，我深深地感謝他讓我能做這件事。能和那些正在經歷悲傷的人在一起是一種恩典──每件事都被赤裸裸地分析，但仍保有人性和神秘的空間。在這當中，我不斷地感受到人類心靈的治療力量，以及體會到每個結束都是新的開始的意義。

工作坊之後，我立即在我的想像中拜訪父親。他已過世多年，距離上次的拜訪也有數月之久了，我很高興能再看到他。我常常沒有意識到，在日常生活中我多想他，直到我再次看到他的出現。這次他談到愛──愛如何存在我們之內和我們四周，如果不是愛，電子無法在它們的軌道上運行，星星也無法運行於天際。他捏捏我的手──愛也導引我們關係的發展，我們仰天而望，成千上萬顆星星在我們頭頂上倚著黑色夜幕閃爍。在無數星辰的穹蒼下站在他旁邊，我感到被靜謐神秘所環繞，並深深地感

謝他繼續活在我之內。

對想像而言，死亡不是結束，不是災難，而是轉變。在你的內在世界裡，你所愛的人繼續活著；有你的參與，你們的相互關係將成長和改變。在這本書中，我將幫助你透過想像到達這層特殊的關係，以實用、有效的方法解決舊傷害，分享你的感激與失望，表達你有時純真、有時矛盾的愛，以及藉由整合自從你所愛的人死後所發生的改變、新的體悟等等，來更新你們的關係。

當你跟著這本書作練習時，先把你的假設和期望放一旁。有一點很重要而必須特別注意的是：當我們進行練習時，不要用舊形象和記憶來解釋死後關係的本質。要對新的可能性開放，你自身之內有能力去創造及再創造你的關係，治癒舊傷，以及體驗深層的親密關係。你可以與親愛的人再度連結、恢復失去的對話，把缺席轉為出席；阻礙你和所愛的人有連結感的，是沒有被你好好使用的想像力。

希望你能使用這本書的技巧恢復溝通，以及對轉變的關係打開心胸。死亡是結束，但也是一個開始，未來仍是敞開的。你已失去的親愛的人就在可觸及的範圍內——在你之內，比你想的還要近。我希望，當你所愛之人站在門檻要給你內在關係的禮物時，你會打開想像的門。

第一篇

從心觀照

那不在的人兒處處都在

艾德娜·聖文生·米雷

（Edna St. Vincent Millay）

生死一線牽：超越失落的關係重建

第一章

內心中鮮活的存在

我開始感覺到那些我曾認識但已死或離開我的
人，事實上並沒有離開，而是持續地活在我之
內，就像這個人的太太一直活在他內心一樣。

亞瑟‧高登（Arthur Golden）

當所愛的人死亡時，很多人會為他們之間有一些未表達的話而充滿遺憾。當了解到所有最後一談的機會——那能夠說出沒說的話，以及繫住原本鬆散兩端的最後機會——已經消逝了時，可能會令人非常的痛苦。當有舊痛未癒、有再見未說、有愛未表達，那結果可能會是挫折、罪惡感、難受、強迫性思考，甚至讓人無法好好地正常生活下去。

在懊悔中，人們常常一次又一次地重溫他們與所愛的人最後一次的會面，專注在那已說及未說的話裡百般惱人的細節。來找我諮商的當事人常不斷反覆地告訴我：

- 「我多麼希望在他死前就告訴他我愛他。」
- 「我多麼希望我那天沒有說那麼多傷人的話。我不知道那將是我們最後的談話。」
- 「我那時匆匆忙忙。那是我僅少會停留那麼短時間的一天，那天我們幾乎沒有說話。」

這麼多的遺憾：死亡的那個時刻，人不在場；沒有機會說再見；很多可以有意義互動的機會被忽略了；瀕死之前很長一段時間，自己好多次忘了打電話、寫信或拖延去做這些事。但在我的經歷裡，最深的遺憾——帶著最尖銳刺痛的那種是——沒有說「我愛你」。這好像是人與人之間能溝通的最重要信息，而我們常常覺得有很多機會表達我們的愛，所以就輕易地拖延。

瑪塔到我的「喪親之慟」（Losing a Parent）工作坊，她和

大家分享她在哀悼父親死亡時內心充滿的懊悔與自責。因為對父親的酗酒和施虐行為感到沮喪，所以她在父親死前幾個月切斷了和他的聯絡。她覺得藉由疏遠父親，可以讓她在恢復和他聯絡時發展出更健康的相處方式。後來，在沉靜幾個月後的一個深夜，她的父親打電話給她，聲音聽起來很絕望；他喝醉了，他的話含糊不清，她不想要那種談話，便告訴父親等他清醒再和他說話，然後就掛斷電話。隔天早上警察打電話告訴瑪塔，她父親被發現死在他的公寓裡。她為此痛苦不堪。

幾個月過了，她仍被懊悔與罪惡所淹沒而無法正常生活。她告訴我們：「如果我那天晚上去找他，他今天也許還活著。我感到很糟糕、很羞愧，我甩掉他的那幾個月竟然是他生命的最後幾個月。」

瑪塔的情況很戲劇性，其他人的經驗雖然比較不那麼誇張，但仍可能是極度的痛苦。如果想評估圍繞在所愛的人死亡之後，自己生活狀況的品質如何，可以問問自己：

- 我表達我的愛了嗎？我分享我的感謝了嗎？
- 我們能夠彼此公開與誠實嗎？
- 我們的關係中有哪些問題是我們沒有談論的？
- 我們之間的衝突在死亡時是否仍未解決？
- 我有任何遺憾嗎？
- 我還懷有舊恨嗎？
- 還有什麼沒說的嗎？

● 我有說再見嗎？

也許你在期望悲傷可以自行復原，你的遺憾可以隨時間的流逝而化解；也許你覺得太晚了：「她都已經死了，有什麼用？」從臨床和研究的角度來看，這些希望通常是令人失望的。未解決的悲傷——沒有被承認與提出的遺憾和失望——持續默默地、不知不覺地在這些喪親者的內在起作用，導致他們產生各種症狀，像冷淡、社會孤立、上癮、慢性的身體毛病、擔心害怕、沮喪、過度工作，及強迫性的行為等。這些症狀的解藥就是要再次檢視，睜開眼睛，看看那告別的時刻，以發現和解決沒有被提出的問題。

在這章，我將介紹兩個能永遠改變你對失落感受的觀點：

1. 你所愛的人繼續活在你之內。
2. 透過你的想像，你可以接近這個關係。

我也將介紹一個以這些原則為基礎的強有力的方法，使你能和已故所愛的人進行內在的溝通，解決未完結的事、表達你的愛，以及讓自己更平靜些。在後面幾章，我們會關注在這些技巧——用現實的字眼，就是如何運用這些原則；但是在本章中，我的目標是再次向你保證，讓你相信和你以為永遠失去的人重新聯繫的工具的確存在。

就在門後

　　大部分的人都將死亡視為結束，是最後的失落。我們認為那一扇門已關閉了，我們所愛的人已走了，任何和解的可能性也走了。沒錯，舊的關係是結束了，這個人永遠不會再出現眼前；但是，死亡不必然要切斷你和所愛的人，你和已故所愛之人的內在關係在死後仍然繼續存在著。這個關係持續由內展開，提供了強而有力的治療、解答，甚至指引的機會，而它也是最被我們忽略而沒好好利用的機會。有人說，每個結束都帶來一個新的開始，所以，一個生命的結束能為你和你以為永遠失去的人帶來新的開始。

　　對很多人而言，這種觀念是新奇的，而且很難接受。剛開始時你可能也會抗拒這個想法，可是如果你願意去實驗本書教你的方法，你將會直接體驗到這種內在關係。一旦你經驗過了，就再也不會懷疑你親愛的人仍繼續活在你之內的說法了。

　　你也許已夢過這個人，夢是那麼的真實，讓你醒來時懷疑他或她究竟是不是還活著，夢常常讓我們首次瞥見這個持續存在的關係。心理學家卡爾・榮格（Carl Jung）在父親死後六個星期夢見他父親，就有這種反應：

　　　　突然間他站在我前面，說他正度假回來。他痊癒
　　得很好，現在就要回來了。我以為他會不高興我搬到

他的房間，可是卻一點也沒有！但是我覺得很慚愧，因為我想像他已死了。後來我一直問自己：「我父親在夢中回來而他看起來那麼真實，這表示什麼意思呢？」這是一次很難忘的經驗，它第一次強迫我思考死後的世界。（Jung, p. 96）

　　還有個更近的例子，那是工作坊的參與者布蘭達。她的丈夫在死後當天晚上出現在她的夢中，溫和地告誡她：「我從未離開你。」很多像這樣的夢都有一個共同主題：已故的人視這個關係的持續是理所當然的，而悲傷者／作夢的人卻要努力接受這個新概念。

　　這些夢有多普遍？已有無數的研究致力於探討死後的接觸。在一九八四年國家意見研究協會（the National Opinion Research Council）對一般大眾進行一個有關與亡故的人接觸的調查，67％喪偶的人報告有此接觸，而42％的一般大眾也如此宣稱。在一九七六年，研究人員凱利戌和雷諾斯（Kalish and Reynolds）在他們的著作《死亡與民族性》（*Death and Ethnicity*）中，寫到有關死後的接觸。依據這個研究，50％的女性和30％的男性宣稱有死後接觸的經驗，而最常被描述的形式是透過夢。

　　我自己本身無法確定這些經驗是不是曾經實際與亡者接觸──沒有人可以這樣，但是，這些接觸經驗的存在，證明我們所愛的人會以內在出現的方式繼續活在我們心中。與其爭論這些經驗的「真實性」，不如讓我們把焦點放在和已故所愛之人的內在關係

上，去發展它們、深入它們，以及學著享受它們。進入這種接觸的門就是想像，就像蓋兒的故事。蓋兒是我的「夢工作坊」參與人員之一，她的故事是一個很戲劇性的實例。

蓋兒的故事

蓋兒的表哥彼得在一九九四年美國老鷹號飛機墜毀時死亡，她為此而身心受創。雖然之後她又經歷了另外八個人的死亡，但是彼得的死是她最難承受的悲傷。她深愛她的表哥，但沒有機會為他的死做好準備或跟他說再見；每次想到他，在她腦海中出現的是殘損的軀體散落在印第安那州的原野上。

他死後不久，蓋兒夢到彼得站在一個玻璃的圓頂內。在這個無形障礙物的分隔下，蓋兒可以聽到表哥對她說他沒事，但是她對於無法接近他而感到極度的痛苦。三年之後，蓋兒覺得可以面對她的悲傷了，她和我一起探索幾個涉及彼得的重要的夢，其中一個具有突破性的意義。

在這個夢裡，彼得出現在家庭的感恩節聚會。蓋兒對彼得出現在屋內感到欣慰，雖然他並沒有參與大家的談話，只是靜靜地站在旁邊。到了告別的時刻，蓋兒走向彼得，和他分享他的死亡是多麼地折磨她；他們互擁，一起哭，互訴彼此深深的思念。但是，給蓋兒最深刻影響的是彼得的碰觸。在那個擁抱之前，有關死亡的每一件事似乎都很遙遠，彼得似乎是那麼地遙不可及。但夢境中碰觸的剎那，重新將彼得活生生地以內在出現的方式呈現

給她。令人難以置信的是，以這種方式接觸彼得，讓她終於可以和他說再見，以及釋懷地讓他走了。

第二天早上她仍可感到那擁抱的溫暖，她醒著品味這種感覺。她知道那個痛苦煎熬已經解除，沒什麼未完結的事了。那個夢是個頓悟的經驗，改變的不只是她和彼得的關係，也是她和她的悲傷的關係；悲傷有時仍會浮現，但不再使她驚恐。她第一次覺得可以造訪飛機墜毀的那個原野。

想像：一座橋樑

在建立接觸時，就像蓋兒和她表哥彼得一樣，是透過想像這座橋樑，連結我們外在的現實和內在的靈魂世界。當我們所愛的人出現在我們之內時，想像讓死亡變成是一個轉變，而非結束。

愛爾蘭詩人及作家約翰・歐唐納修（John O'Donohue）*告訴我們，想像是最被西方思維忽略的心靈機能。他強調，我們無法在談死亡與悲傷時卻不談到想像；的確，這龐大臨近區的豐富性無法為我們所利用，除非我們向想像提出要求。

很多其他的文化都把想像視為是哀悼時的可貴資源。在《心像在治療上的應用》（*Imagery in Healing*）一書中，作者琴恩・艾特伯格博士（Dr. Jeanne Achterberg）宣稱想像是我們「最古老、最偉大的治療資源」（Achterberg, p. 3）。數千年來，世界

---

* 譯註：即本書推薦序作者。

各地的黃教僧人在催眠狀態下進入無形的世界向亡者的靈魂商議，他們扮演了兩個世界的使者。《西藏渡亡經》又名《中陰聞教得度》（*Tibetan Book of the Dead*）書中提供誦文讓生者讀給亡者聽，讓他知道可能發生什麼、該避免什麼，以及在死後的轉換狀態該注意些什麼。儒教和佛教的信仰則教導每戶人家應該有個供桌供奉祖先，每天在這供桌祭拜的儀式維繫與亡者持續的接觸，活著的家人和供桌的照片對話，也把要給亡者的禮物放在那兒，作為交換的是祖先被期望要繼續「存在」家裡，給家人指引和靈感。

在中世紀，常以和亡魂對話的方式來讓哀悼中的人得到安慰，並且讓他們安心。瑞士籍德國醫師，也是煉金術士的佩洛克絡斯（Paraclesus）寫道：「每個人都可以教育和調整其想像，以便和神靈接觸，以及受教於祂們。」

現代澳洲的原住民仍維持古老的方式，和磨擦石頭三天後出現的精靈說話。原住民相信，他們已故的祖先會回來和他們分享神話般的以及實用的訊息。那麼，在很多文化裡，死亡並不是溝通的障礙，因為一旦人們面對這不可避免的轉換關頭，他們會積極地利用想像來度過。

很多神話提醒我們，即使死亡已發生，和親愛之人的關係是可以再恢復的。想想埃及女神艾瑞絲（Iris）和她的丈夫／兄弟奧西瑞斯（Osiris）。奧西瑞斯被謀殺後關在一個棺材裡，被丟進尼羅河；在極度悲傷下，艾瑞絲到處尋找，最後終於找到丈夫的屍體。可是當她和兒子一起去看時，一個謀叛者已將屍體分

屍，並將屍塊散落各處。透過諸神的幫助，艾瑞絲把屍塊拼在一起，奧西瑞斯又活過來，後來成為亡者的國王，統領冥界。

希臘神話的得米特（Demeter，農業女神）和普西芬尼（Persephone，冥王的皇后）也是同樣的主題。普西芬尼被冥府之神綁架到地獄時，她的母親傷心欲絕而拒絕讓大地生長任何植物。她和奧林帕斯山的眾神協議讓女兒回來，在信使神的協助下，得米特和普西芬尼又團圓了。但是，普西芬尼在離開冥府前吃了三顆石榴的種子，因此她每年必須在冥府裡待三個月，她在那兒被封為皇后。

大部分古代的文化都流傳著交織失落、尋找，以及失而復得為主題的神話，這好像在提醒人們，和已故所愛的人再聯繫是可能的。但是，現代的社會重視科技勝於部落的傳統習俗，至於無形世界的力量，甚至它的存在，卻一直被否定。想像有時被貶抑為幻想，有時被視為不正常。大家很客氣地如此對你說：「噢，那只是你的想像而已。」悲傷過程中最珍貴的資源因此被貶抑了，使得一切對我們而言只不過是團迷惑罷了。

這本書所描述的方法就是要幫助你培養想像的力量。你也許會說你不是那種有想像力的人，但請相信想像是一種自然而普遍的能力；每個人都擁有它，雖然對很多人而言，它一直處在沉默無聲的狀態和沒有被開發出來。

很多領域的作者和業者，包括現代醫學和心理學，已對想像進行了研究、寫作論述，以及使用想像在他們的當事人身上，他們都有共同的結論：有史以來，想像一直是療癒時很重要的資

生死一線牽：超越失落的關係重建

源，我們的文化也該承認它對身體和精神的有用性了。下面幾章要學的技巧都是緊繫著想像的使用，以培養及加深你的內在溝通。

培養你的想像力

雖然想像是我們心靈與生俱來的一部分，但是很多人讓這強有力的機能睡著了。可是，某些心理狀況，如悲傷和沮喪時，似乎能自然地使想像活躍起來。正在哀悼中的人發現，他們對外在現實沒有精力或熱誠，他們的精力是向內牽引的；因為悲傷抑制他們外在的感官，所以它能開啟內在的感官，讓它們有新的敏銳度去看、聽和感覺平常我們的感官無法感受到的。

布蘭達的丈夫死後，這個世界對她而言看起來單調乏味；可是當她睡覺時，她的夢會突然充滿逼真的心像和鮮明的色彩。在工作坊的情境下，她依照我的指示，花時間慢慢地去完全感受一間想像的屋子的視覺、聲音和味道。她很快地過渡到內在的世界，在那兒她與丈夫有個令人深深感動的會面。透過她的感官直接體驗這個內在世界，很明顯地助長了她的想像力。

心理學家琴・休士頓（Jean Houston）堅稱，創傷能打開我們對更廣大事實的敏感度之門，這通常是我們感受不到的。在我的悲傷工作坊裡，我被參與者在進行想像練習時的容易度和開放性所感動──即使參與者長久以來認為自己並不是具有高度想像力的人，但他們都能輕易地進入想像，並用開放的態度來接近它。有些人平時不太能記得他們的夢，但在哀悼時卻可能說出鮮

明的夢境。

但是，雖然悲傷能啟動內在感官，大部分不常使用想像力的人會發現，要使萎縮的感官完全復甦需要集中精神和精力。如果你曾經必須使用因好幾個星期沒使用而萎縮的肌肉，你就知道這需要多大的力氣。剛開始啟動內在感官時也是一樣：你可能會覺得很挫折，因為你什麼也「看」不到。不幸地，這些狀況都是和啟動視覺心像有關。事實上，不是每個人都是靠視覺想像的；大概有 40 ％的人不是如此。很多人的確透過聽、碰觸和動作來體驗心像，可是有些人只是「感覺事情」。即使你可以看到，「看到另一個世界需要不同的察看，而我們似乎已經忘了怎麼做」（Larsen, p. xix），因為有些感官可能自然地比其他的強，所以我鼓勵你試著啟動所有的內在感官。下面的練習可以幫助你。請記住，喚醒內在感官這個重要步驟，能促進你想像的流動性和生動性。

練習 1-1

喚醒你的內在感官

閉上你的眼睛。首先把注意力集中在你的呼吸，察覺你每次呼氣和吸氣時所體驗到的感覺。現在想像你站在廚房中間，角落有個開放的壁爐，你可以聽到柴火爆裂的聲音。靠近一點，把你的手伸到爐火上，感覺一下它的熱度，仔細地看看火焰的顏色。

壁爐的鐵板上有個鍋子在燉煮東西，湯正在沸騰，聞聞它的香味。專注在這裡的感覺，看你能不能分辨正在煮什麼，你也許還可以聞到調味料的味道。鍋子的旁邊有一支木湯匙，把它拿起來，感覺它的質地和重量；把它浸到鍋湯裡，舀出一些來試一下味道，在口中品味，感覺你的味蕾在反應。

在這個想像裡，我們並不受限於日常現實的法則。在那兒我們可以飛，可以改變形狀，可以做我們在日常生活中不可能做的事，要適應及對這些自由完全地開放需要一段時間。這些自由能使我們從新的觀點來體驗關係，要能放下你對日常生活限制的期望。想想下面這個當事人的故事，跨過「可能的」邊界對他會有哪些好處。

蘇珊從小就一直怕她跋扈的父親，即使長大後她仍避免和父親談起任何可能激怒他的事。在父親死後，她為自己在他們的關係中缺乏勇氣和被動而感到生氣。她並沒有因父親的死亡而感到脫離了他的掌控；相反地，她因為一些話沒說出來而一直無法釋懷。在一次治療中，她終於決定要試試用想像來面對她的父親。閉上眼睛，她看到父親穿著紅格子的襯衫站在她的前面，高個兒的父親高聳地在她面前，她覺得自己像小孩一樣的卑微與脆弱。一個熟悉的痲痺感吞噬了她，使她說不出話來。突然間，她覺得自己慢慢地從地板浮上來，直到她雙眼直視地看著父親。從這個新觀望點，蘇珊覺得比較安全，也比較堅強和清楚。她說出了過去放在心裡對父親的所有感覺、怨恨和渴望。當她說話時，她注

意到胸膛攪動著一種她在父親面前不曾有過的感覺——溫柔。如果她就此中斷想像說：「可是我不可能這麼做！我根本不會飛！」那她就不會有這種療癒的體驗。

在處理想像時，用非評判、非分析和接納性的知覺是很重要的。很多時候，我的當事人在探索想像時會評析或編輯發生的內容，他們試圖改變一個影像，因為他們不懂或不喜歡它。這種干擾會阻礙想像的豐富性、智慧和神秘性。

最後，但並非最不重要的，要以尊重的態度處理想像。這個機能有龐大的力量。一九四二年，第二次世界大戰期間，榮格作了一場有關「心靈水星」（Der Geist Mercurius）的演講，他警告：想像可以是治療的力量，也可以是毀滅的力量。為了說明這點，他說了一個葛瑞姆兄弟的故事，叫「瓶內的精靈」（The Spirit in the Bottle）。我在這兒描述一下：

有個年輕人因為很窮，所以不能完成他的教育。有一天他發現一個瓶子，瓶內有個聲音喊著：「讓我出去！」那個年輕人打開瓶子，一個巨大的精靈從瓶內升上來，精靈就像瓶子所在的那棵橡樹那樣高大。精靈告訴他，「我是強有力的水星精靈，」精靈發出震耳的隆隆聲；「我被關在瓶裡苦修，誰鬆開我，我就折斷他的脖子。」這個年輕人意識到，能保住他生命的唯一希望就是把精靈引誘回瓶內。「我不相信這麼大的精靈能從這麼小的瓶子出來，」他以敬畏的口吻對精靈說，「你能展示給我看你是如何辦到的嗎？」精靈馬上同意，年輕人便迅速地將塞子塞回瓶子。就這樣，情況改變了：水星精靈被關起來了，但是這次年輕

人知道他的力量了。水星精靈乞求年輕人釋放他，不過這次會給他獎賞，是一塊可以磨擦任何東西變成銀的布。年輕人聽到這個交換很高興，他把精靈釋放出來。年輕人用這塊布製造銀，賺足夠的錢完成學業，而且成為有名的醫生。

這個故事說明有必要以非常尊重的態度接近水星——想像的精靈；否則，他可能變成具有毀滅性。剛開始時，年輕人不知道水星的強大本領，所以釋放精靈時，也危及他自己的生命。要使自己免於毀滅，他必須找到一個方法控制這個力量，只有那樣才能使水星對他有幫助；而要達到這個地步，他必須和水星溝通，達到雙方滿意的關係。一旦做到這點，他就可以再次大膽釋放瓶內的力量，這次是用來治療，用水星的力量成為醫生。這個年輕人現在比以前更富有，且更有智慧。若要使用想像的禮物來幫助你治癒關係，你在它面前要謙卑，並敬重它的力量。

常見的問題

有些人在使用想像時會有些困難，特別是剛開始時。如果你就是這樣，不必擔心，因為在發展使用想像力時，會經歷三個階段。在第一階段時，很多人會有困難，他們無法想像、看、聽、觸摸或感覺任何現實以外的東西。在這個階段只要提醒自己：想像是一種自然的機能，每個人都擁有它，它是從你的內在進入的。如果你持續不斷地、有耐心地激發你的內在感官，它們會逐漸增強。你也許無法真正看到日常生活中無法接近的影像，可

是，你也許可以感覺到或甚至聽到某些東西。小心謹慎地注意所發生的每一件事，不管它有多麼微不足道或不重要。

在第二階段，你將開始體驗影像，可是你可能會質疑，這是不是我自己編的？這是真的嗎？這些問題常常會干擾心像的流動，這種察覺也是正常的，是應該注意到你在懷疑自己的經驗，但是不要讓懷疑終止你的探索。記住：這只是一個階段，是大部分人在發展想像的過程中會經歷的階段。

在第三階段，心像開始自然而不受拘束地產生。現在你可以了解到，你在想像裡所探索的世界跟你在日常生活中所經歷的一樣真實。榮格學派的分析師瑪麗・威特肯斯（Mary Watkins）對此做了簡潔的描述：「進入想像不是把自己保護在一個陌生的園地裡，而是回家。」（Watkins, p. 118）

在發展想像的能力時，要有耐心和盡全力。你正在準備會見已故所愛的人，並和他互動。想像使你能夠跨過沉默的死亡深淵，進而能夠觸摸、看見，並且和這個人說話。

對話的必要

心理學家璐易斯・凱布倫（Louise Kaplan）在她的書《沒有完全消失的聲音》（*No Voice Is Ever Wholly Lost*）裡主張：「對話是人類存在的心跳……我們不能沒有它而活著。」（Kaplan, p. 239）她看到這個因素在我們的生活中扮演如此樞要的角色，以至於我們害怕失去它勝於它實際的消失。

在發展心理學領域裡已有很多著作確認，即使在嬰兒早期，對話也有關鍵的重要性。在這個脈絡下，很容易了解當對話因所愛之人的死亡而終止時，會是多麼令人痛苦難受。「當我們急迫地渴望重新找到、恢復、修復、建構失去的對話時，我們會殘害自己，甚至毀壞周圍的世界。」（Kaplan, p. 239）當我們再聯繫的努力失敗時，我們可能會很無助地要解決未完結的事，因而無法在失落中得到平靜。

很多人會偷偷地或無意識地試著和所愛的人進行已失去的對話。例如，在早上喝咖啡時和已故配偶說話；哀悼中的母親可能一面整理已故孩子的玩具或衣服，一面和他說話。人們常常會隱瞞這些對話，因為害怕被其他人誤解，或者他們持續進行這些對話，而不知道它們有如此豐富的治療性。

在我出版《你所愛的人活在你心中》（*Your Loved One Lives On Within You*）一書後不久，一位婦人莉拉在「開匹托拉書店咖啡館」（Capitola Book Cafe）向我自我介紹。六個月前，她的三十歲兒子因心臟病發作而死亡，自從兒子死後，她每天和他說話，而且常常在腦海裡聽到他的回答。雖然她感覺這些對話很自然，而且對她有治療的作用，可是她的丈夫不理會她的經驗，甚至在她談這些經驗時，他就眼睛四處打轉，一副不可置信的樣子，這使她很難過。她已經學會了把這些經驗隱藏給自己，可是現在莉拉擔心這是不正常的，她覺得羞恥而混亂。我幫助她從新的脈絡了解她和兒子的對話——她的兒子活在她心中，而她很本能地透過對話培養和他的內在關係。聽了我的話後，她欣慰地快

活起來。我鼓勵她持續探索和兒子的這層關係，並且給她一些練習的建議。當她告別時，她給我一個溫暖的擁抱，並告訴我：「我無法告訴你這種體會對我的意義，但我現在能相信我的體驗了。」很多人偶然發現這個內在關係，卻不敢相信它，或不知如何有意識地使用它，以達到最大的治療效果。

如果對話對我們的健康和存在是如此重要，那麼當所愛的人去世，我們該如何恢復和他們之間的對話呢？我們如何讓缺席變成是在場的呢？答案就是用發展中的想像活化我們的溝通動力。用這樣的方式，我們可以直接接近所愛的人。

內在溝通

明確地說，我們如何進行那夢的接觸呢？只是簡單地叫你「用你的想像」是有點太模糊，可是有個有效又容易學的方法可以幫助你到達內在的存在。內在溝通是一個利用想像的有力工具，它可以解決舊創傷和怨恨、表達愛、調適在新脈絡和新情境中的關係，使人感覺和已故所愛的人處於更和睦的狀態。這種溝通是發生在你之內，它為你們的關係開啟重要的可能性；實際上，它將超越你的日常生活範圍、超越你習慣的外在溝通模式。

溝通是影響家庭成員關係的最大要素。為了現實的理由以及讓家庭平順，同時也為了我們的身心健康；因此，表達我們的愛，排解我們的憤怒和歧異，解決和我們珍惜的人之間惱人的問題，是很重要的。可是對很多人而言，他們的關係愈複雜，就愈

難無拘束地敞開來談。在很多家庭裡，有些重要的議題和過去的事就是一直不被討論，家人會覺得表達出來、不贊同，甚至面對事實，是不安全的。家庭治療師維吉尼亞‧薩堤爾（Virginia Satir）在她的書《重新做人》（*The New Peoplemaking*）寫到，只有 4.5％的人在和家人溝通時是感情誠實的，其他的人都掩飾他們的真正情緒、製造距離、不信任他們的關係、貶低他們的自我價值，以及累聚焦慮和壓力。

然而，正如你很快就要經歷的，用內在溝通技巧所產生的會面是大大不同於日常生活的會面。即使你是那些完全抗拒外在溝通的人之一，你會發現自由地內在自我表達不僅可能，而且有樂趣。在內在，你可以談關係中未解決的部分——不只是和已故之人的關係，也可以是任何人——說出壓抑的情緒、加深連結、調解失和、對其他人更具憐憫心；所有這些都是秘密進行的，沒有其他外在現身的人參與其中。你將學習「進入」另一個人，而更深刻地體悟到他人的感覺和觀點。當你練習和已失去的人的內在溝通時，你會經歷那些積壓已久的情緒開始釋放，當愛流向那個對象時，你也會對失落感到比較平靜些。

跟其他的溝通技巧一樣，內在溝通的品質要看你在以下幾方面的投入：

- 繼續進行的決心。
- 仔細傾聽及說出來的承諾。
- 願意為自己的感覺負責及避免責難、羞辱、操縱和

苛求。

如果你想溝通創傷和怨恨，要有慢慢來的準備，而且要描述它們，那麼你所愛的人才能了解。如果你感到憤怒，最有效的方法，就是把它說清楚。輪到你聽的時候，盡可能有接納性、放輕鬆及同理心。問一些體貼的問題，那麼你才能更了解其他人的觀點。承認話語及內容背後的感覺，這個互動不是權力的角逐——重點不在證明誰對誰錯，而是重新開放、交換、傾聽、斟酌，以及用新眼界看舊的問題。

在和已故的人溝通時，要改變舊的溝通模式也許沒有想像的那樣困難。你也許會訝異地發現，在想像裡，那個人和那個關係已有很大的改變。例如：

- 在身體上，這個人可能顯得比生前更年輕、健康、有活力。
- 在人格上，這個人可能表現得比較不自我、更有憐憫心、更客觀，也比較不會困陷在家庭的動力關係中。
- 在價值和觀點上，舊興趣——甚至他一生熱愛的興趣——可能會消散，而對心靈方面的事顯得有較多的關懷。

朵琳是我的當事人，她在父親死後不久夢見她父親已有了非常大的改變。她的父親羅伯特看起來健康有活力，雖然在死時他

的身體已被癌症嚴重的蹂躪。在夢中，他被家人環繞著，每個人都迫切地問他有關房地產的財務問題。這是有道理的，因為羅伯特一直很積極地參與投資並控制家庭財務，所以家人仍然會尋求他的建議和指引。可是，他現在好像完全沒興趣，他把所有的問題揮到一旁，說：「現在這些不關我的事了。」

在第四、五、六章，我會說明這些改變如何讓以前不可能的溝通產生突破；現在，只要準備好讓自己開放及接受你所愛之人的改變，讓自己抹去關係的舊形象。

重要的是，你對每次會面的內容和結果不能有先入為主的觀念，因為期待會限制原本就能有廣大範圍的想像。大多時候，和已故所愛之人的互動方式會和你期待的有很大的差異，大部分人會對他們內在會面所發現的感到欣然而驚訝；接著，就是對未來日常生活的外在事件。

約瑟為哥哥吉姆的死亡感到非常震驚，他們一直有著風暴似的關係，吉姆的死亡意謂任何和解可能性的結束。在一次治療過程中，我建議他用內在溝通的方式接近他和吉姆的持續關係，可是他對這個建議抱著懷疑的態度；他認為他無法有效地使用他的想像，而即使透過想像可以接觸到吉姆，他的哥哥也會像生前那樣與他敵對。雖然不願意，約瑟還是做了第六章 6-2「玫瑰」的練習。他感到很驚訝，因為在想像中，他不但可以很鮮明地看到吉姆，而且為他的哥哥向他打招呼時所表現的溫暖和愛感到訝異。這兩個人對他們的關係展開長談，這個會話是約瑟成年以後一直渴望做到的，吉姆也分享了一些他的童年怨恨；這個怨恨來

自他的父母很明顯的比較喜歡約瑟，這個情緒毒害了他對約瑟的感情。做完這個練習之後，約瑟不但對吉姆充滿愛與寬恕，也在自己身上感覺到從未有過的安慰，那種感覺是那麼明顯而持久。

永恆的酬賞

偉大的智利裔美國小說家伊薩貝爾・艾倫德（Isabel Allende）告訴她的出版商，當她母親死亡時，她覺得她的寫作生涯就要結束了，因為一直都是她的母親在校對她的書。她的出版商提醒她，她的母親已經在她的心裡。艾倫德寫道：「我發現他是對的，說的對極了。我永遠可以這麼說，好吧，我這裡有句很糟糕的句子，而我媽媽會來找我……我希望將來死時，生前就能在我的孩子和孫子的心靈裡種下小小的種子，那麼當有一天他們需要我時，我將總是在他們身邊。」（Epel, p. 23）在所愛的人死前能有這樣的了解是多麼令人安慰啊！我看到很多人藉著和所愛的人內在的接觸而有類似的突破，或得到改變生命的體悟、療癒舊傷、更新關係，以及作最後的道別。

下面幾章會引導你如何實際進行內在溝通。開始時，這些練習純粹是設計來幫助你表達那些一直被隱藏、抑制和壓抑下來的一切。漸漸地，你將學會和你思念的人進行內在對話。在第三部分，你將學習用內在溝通的技巧去舒解你和正經歷哀悼的家庭成員的溝通問題。

與所愛的人和好從不會太晚，不管是活著，還是死了。我在

第五章會詳細討論，一個八十二歲的婦人如何用本書描述的技巧療癒和父親的舊傷。她父親在四十多年前就死了，在那幾年，他們的關係線似乎已消失了，但卻隱藏在她生命的布裡。透過自然的對話，那條線又再度出現，把缺席轉為在場，激起她自己以前都不知道的創造靈感。拾回那條線，跟隨它到它的根源，也就是去連結我們有限和無限的生命，用奧秘來滋養我們的心靈。

　　這裡所介紹的想像和溝通是你可以永遠帶走的禮物，如果你肯對它們敞開心胸，有耐心與信任地仔細思考它們，允許它們在你身上產生作用，那結果將可舒解你的痛，並永遠豐富你的生命。

第二篇

向內修通

亡者生前無以言對的，死了，他們可以告訴你：
亡者的溝通充滿熱情超越生者的語言

艾略特

（T. S. Eliot）

第二章

與瀕死的人溝通

有一塊生者的國土及一塊亡者的國土，兩者的
橋樑是愛。唯一的倖存者，也是唯一的意義。

蕭頓・華爾德（Thornton Wilder）

迪娜靜靜地走進冰冷的醫院病房，在母親病床旁的椅子上坐下來。雖然距離上次探望才只有幾天，迪娜看到母親憔悴的樣子非常震驚，她蒼白的皮膚緊緊貼著臉上凸起的骨頭。她正在睡覺，費力的呼吸聲暗示著疼痛正干擾她的休息。迪娜還是很難理解眼前這脆弱、無助的人就是自己的母親。當迪娜是個小孩時，坦率、精力旺盛的母親安琪拉似乎總是充滿著爆發的生命力。迪娜很崇拜安琪拉的這些特質——雖然在青春期時她很厭惡，十二歲那年開始，迪娜覺得讓人看見和母親一同在公共場所會很尷尬，因為她認為母親對她的穿著、說話、走路等等——每件事讓她覺得不自在，都很吹毛求疵！從那時起，迪娜開始不和母親談她真正在意的事。在那幾年母女倆都常敵對爭吵；最後，她們學會以保持距離達到表面友善的相處，但永遠無法回到原來的那種親近感。

現在安琪拉得了乳癌快死了。迪娜一直想和她說話，分享她的失望與喜樂並且能夠表達她的愛。當迪娜正覺得這看起來似乎有些不可能時，安琪拉在白色床單下騷動，睜開眼睛，有那麼珍貴的幾分鐘，她很溫柔地看著女兒的臉。迪娜伸手握住母親的手，讓那冰冷瘦骨如柴的手貼著自己的手。「我在這兒，媽。我好想你。我……」她的聲音變弱下來，她感覺母親突然盯著她看——好像有個無形的東西再次引開她母親的注意力。在挫折下，迪娜覺得胸部開始緊繃。她真的一直希望這次的探望能和母親說話，她有好多事想和母親分享——遺憾、感激，以及最近對她們關係的領會——愛。

她母親仍看著遠方，溫和含糊地說：「我很快就要去旅行了，我必須準備一下。」這句話讓迪娜有點困惑。母親在說什麼？她以前也這麼說過，為什麼她一直說要去旅行了？她病到根本不可能去旅行！上星期安琪拉也說過類似的話。迪娜試著向她說明：「你在醫院，媽。你要把精力省下來讓身體好起來。」安琪拉開始很激動，拉著床單想要下床。這次為了不再讓母親難過，迪娜保持沉默。

和在最後瀕死階段的家人坐在一起，可能會是一件很難受的事——特別是當一個人想到那些未曾說出口的事。照顧的人和瀕死的人雙方可能覺得有和解的迫切需要，但除了短而不滿意的片段外，仍無法溝通。太少能量，太少時間——光是肉體的限制常常能擊敗最強烈的慾望。迪娜知道她和母親談話的時間快速地流逝；即使安琪拉是醒著也有知覺，她只能集中很短暫的時間。但兩人直覺地知道，用那僅剩的時間和精力互相表達愛，能產生一些生命中最有意義的片刻。僅僅只是那彼此都想試的動力，就是兩人復合的保證。

瀕死者如何溝通

對生者而言，這可能有些令人驚訝，但溝通是瀕死過程中重要的一部分。只是，和在病床上的人溝通可能會令人挫折、困惑和迷惘。瀕死的人好像沉浸在另一個時空，忽進忽出地和生者接觸。當他們看著我們時，他們的眼睛常常呆滯、不對焦的；有時

他們似乎直接地看穿我們。接近死亡的人也許可以和看不見的生命交談——也許是死去的朋友或親戚，以及談一些看不見的地方。亨利·諾溫（Henri Nouwen）回想他與母親相處的時光，寫成一本書，名為《追思》（*In Memoriam*）。他在書中寫道：「她看到另外的實體——更可怕、更嚇人、更使人著迷的，但也更果決。」（Nouwen, p. 22）

瀕死的人可能以象徵性的方式在說話，當我們不了解他們時，他們可能會表現出挫折及焦躁不安。當我父親進入昏迷狀態之前，他不斷地試著要離開醫院的病床以便「回家」。那時候，我以為「家」是指我父母離醫院三十分鐘路程的房子；現在我知道，他指的是更微妙的東西——回到一個源頭。

瑪姬·凱勒倫（Maggie Callanan）和帕翠西亞·凱利（Patricia Kelley）是安寧病房的護士，她們寫了一本和瀕死病人溝通很重要的書叫《最後的禮物》（*Final Gifts*）*。她們向認為瀕死的人已經錯亂的常見假設提出挑戰，她們認為這樣的反應只會增加瀕死者與家人、朋友間的距離。這二位先驅謹慎研究病患的溝通方式，體悟到瀕死者常用象徵性的語言描述他們正在經歷的事，而且表達他們希望有個平靜的死亡。凱勒倫和凱利堅信，如果我們仔細注意瀕死的人所說及所做的，我們也許可以了解這些信息。西瑟利·桑德斯（Cicely Saunders）是在英國發起安寧照顧運動的人，她寫道：「我曾問一個瀕死的人，在所有照顧

* 譯註：中文版由王明波譯，正中書局出版。

他的人中，最需要從他們身上得到什麼？他說：『有人試著用了解的眼神看著我。』」（Saunders, p. 3）

為了讓這最後珍貴的互動機會富有意義和理解，我提供下面和瀕死所愛的人溝通的一些建議：

- 仔細注意瀕死的人所說及所做的，因為他或她可能試著要向你傳達一個重要的信息。
- 認可那個人跟你說的，即使你並不完全了解那個信息。學著傾聽而不帶評判，尋找有可能因為你錯誤解讀信息而引起的挫折和不安的徵兆。
- 當你困惑時要讓你所愛的人知道。問一些反映出真誠想了解瀕死的人當時所經歷情況的問題，給予安慰，表示你了解他要和你溝通的困難。
- 注意非語言的線索。這些可能很細微，瀕死的人可能擠壓你的手、揚著眉梢、緊繃肌肉、呼吸加快或變慢，或發出一個聲音。
- 如果你覺得不知道說什麼，或者覺得話好像會阻礙更深層的聯繫時，只要靜靜地坐在那人的旁邊。一個安慰和愛的觸摸就可傳達很多，你也可以「透過你的心」靜靜地說話。

正如瀕死的人可能覺得和你有溝通的必要，你也可能覺得有必要加以回應，以和解你們的關係、表達愛，和消除舊創傷。不

要讓這機會從你身旁溜過，跨越任何你想說清楚、要真心、精簡地說時可能感覺到的不自然或尷尬，但小心不要把你覺得可能太痛苦或令人不舒服的主題強加在那人身上，你可以稍後再探索這些事——用內在溝通的方法獨自探索。

　　因為時間短暫，而且你實際能交換到的訊息也令人挫折或不滿意，所以即使是在臨終的病床，用內在溝通仍會有很大的幫助。當我在醫院裏坐在父親身旁時，我想和他談談他的瀕死，因為這已攪動很多有關我們關係的情緒。可是打從他聽到自己得了癌症，就一直拒絕談論死亡。剛開始，這讓我感到極度的痛苦，但我學著用我的想像來和他談論這些話題，因此解決了很多怨恨和創傷，它們曾使得的我的心在我們的成人關係中變成那麼封閉和被保護著。透過這個練習，使我能在父親最後的這些日子裡完全在場陪伴、放鬆，以及愛他。在我達到這些溝通的新可能性之前，每當我和他在一起，我就覺得緊張或有期待，等待和希望一個恰當的時間和他談有關我們之間的關係。一旦和他在我的想像中談過之後，即使只是靜靜地和他坐在一起，都能讓我感到平靜，這段期間的想像工作給了我一個無價的禮物。

　　下面一系列的練習和建議，將幫助你探索和瀕死病人內在溝通的方法。你可以選擇按照書的順序做全部的練習，或者只試那些比較吸引你的部分。為了達到最好的結果，給自己安排一個不受干擾的時間和地點，把這靜修的地方——在你家的一個房間——當做是個庇靜所，選一個你覺得安全、安心、可以自己一個人獨處的地方。在那兒設一個供桌，放些那個瀕死的人的照片、特別

的東西或畫。

　　為了不被干擾，在門上貼個字條，把電話插頭拔掉。然後坐在你的供桌前，閉上眼睛，把注意力放在呼吸上幾分鐘，這樣可以幫助你把身心定下來。預留三十分到一個小時做每個練習，每次只做一種。每次做完一個練習，把發生的經過寫下來，以便提供事件的記錄，幫助你整合你的體悟，以及讓自己後來有機會觀察及解釋在你身上的改變。

　　這個庇靜所在概念上雖然很簡單，但卻是個非常有治療功效的地方。多年來，我的當事人都利用到他們的庇靜所做內在溝通與想像，作為在面對他們親近之人的瀕死與死亡的調適過程中重要的一部分。即使只用了庇靜所一星期，當事人一致說他們覺得比較平靜，較不會被情緒所淹沒，也比較能注意他們在生活上的責任。

　　如果你每星期能到你的庇靜所至少一次（覺得有必要時多去幾次），會比較容易從外在世界轉移並集中於內在溝通。每個星期都拜訪這個地方可以增進專注力，同時保持連貫性。

練習 2-1

與瀕死者進行內在溝通

　　在你的庇靜所裡放輕鬆，閉上眼睛，用你的「心眼」想像進入瀕死者的房間。在床邊坐下，花幾分鐘的時間用所有的感官去

感受這個房間。你看到周圍有什麼？你聽到什麼？有沒有任何味道？拿起這個人的手，感覺它的重量、它的溫度，及它的紋路。緊握一下手，或用你的話讓他或她知道你來過。現在你有機會和這個人用以前你從來不覺得可能的方式進行溝通。你可以表達任何你想說的，以幫助你解決你們關係中的衝突。

想像你自己正在表達你的愛和感激，也表達你的失望、遺憾及傷害。下一步，在你的想像裡，小心謹慎且尊重地傾聽你所愛的人想對你說的，繼續你們的對話直到感覺這個對話結束了。然後，你也許會想要一起沉默些許時候。當你覺得準備好要離開時，說聲再見，然後離開房間。打開眼睛，品味一下你的感覺。然後把你的體驗記錄在一本專門為這目的準備的札記中。

迪娜的經歷

迪娜在母親安琪拉瀕死時來找我作諮商。她了解到和母親分享她壓抑多年的愛、感激及失望的重要性。三十多年來，母親與女兒一直避免去談論她們的關係，有太多次她們對彼此之間的小傷害和誤解保持緘默，而演變成兩人間不可避免的阻礙。諷刺的是，就在迪娜開始覺得準備好要和母親溝通時，安琪拉也開始完全失去與人接觸的能力。在和我討論她們的困境時，迪娜表達出她的挫折，她一直希望能有終於開口說出來的那種解脫感。

當我介紹內在溝通的概念時，迪娜馬上覺得溝通管道是開放的，而她以前卻一直沒想到，她同意試試前面 2-1 的練習，覺

得這提供一個機會處理她自己未解決的問題,那麼她才能在安琪拉死亡時平靜與深情地坐下來陪她。下面是迪娜執行練習 2-1 後記錄在日誌簿上的經歷:

我走進房間,午後的陽光橫射過病床,照亮白色毛毯下母親脆弱的身軀。她張眼醒著,這讓我有點驚訝。她灰綠色的眼睛深情地盯著我看。我在她旁邊坐下,輕撫她的手,告訴她:「媽媽,我想用這個時間跟您真的聊聊,我很遺憾我們很久沒好好聊了。現在我準備好要和您談談,但您卻無法說話,這對我是多麼的難受。最近我來您的房間很多次,充滿決心想告訴您您在我心中的份量,可是只過了一會兒,您的心神就飄移開了。看著您的死亡對我而言是多麼難受啊!媽媽,沒有您我該怎麼辦?」我開始哭了起來,我母親撙壓我的手,點點頭。我知道她了解我的心情。

我覺得好像受到鼓勵繼續下去。「當我還是一個小女生時,我夢想著長大以後要和您一樣。我崇拜您,好像您做的都不會錯。媽媽,我進入青春期後我們就不再說話了,那對我們都是一段艱苦的時間。我不停地批評您,我不聽您的話、頂嘴、殘酷地和您爭吵。我那時候必須把您推開,好讓自己長大。我們曾如此親近,我是如此地認同您。我必須找出從您身上分割後的我是誰。我想讓您知道我從沒停止愛您,雖

然我不再表達出來。我仍然欣賞小時候崇拜您的那些特質，如果沒有您慢慢傳遞給我的那些美好特質，我不會是今天的我。」

我的母親正在哭泣，眼淚灑滿她蒼白的臉頰。當我們彼此目視對方時，一時都說不出話來。我覺得容易脆弱而沒有矯飾，我讓我的愛展示出來。有片刻的時間我覺得被運送到一個神聖的時空，在那兒，愛能夠完全地、無拘無束地自然流露出來。很長一段時間之後，我的母親輕聲地說：「我非常愛你，迪娜。當妳疏遠我，當我們不再對彼此說話時，我傷心透了。我不知道怎麼辦。我的驕傲變成一個阻礙，而我也漸漸習慣我們相處的方式。我已忘了抱妳、輕梳妳的頭髮、回答妳生命問題時的那種美妙的感覺。我錯過了很多我們之間的成人關係，但是我並不覺得我們的關係就此結束，也許從此以後我們會更接近，即使那是在我死後。」我把母親抱在臂彎裡，舒解地啜泣著。那座圍牆終於倒下來了。當我再坐正時，房間已變得有點暗，太陽已下山了。母親平靜地閉上雙眼睡著了，我親吻她的額頭，然後靜靜地離開房間。

當她張開眼睛時，迪娜對所發生的事感到驚訝。她並不期待這經驗會感覺如此的真實。她告訴我，她覺得舒服多了；表達那些積壓在心裡的話，以及在她心裡與安琪拉有個有意義的談話，

消解她在醫院病房時那種想要和母親談話的急迫感。

　　下一次迪娜與我會面時，她剛從母親的醫院病房過來。安琪拉已進入昏睡狀態，她的眼睛張開但看不見，她已經對迪娜的出現完全沒有反應。迪娜告訴我，如果沒有上面那些內在溝通，母親這種狀況的改變對她會是很大的打擊。現在她覺得安慰，不只是因為那個事件，同時也是她知道能以這種方式持續和安琪拉在瀕死中與死亡後進行溝通。

以心溝通

　　有很多次我靜靜地透過心與父親談話，我從《生死之歌》*（Who Dies）一書的作者史帝芬・雷凡（Stephen Levine）那兒學來一個非常好用的技巧。雷凡觀察到，如果他們旁邊的人透過心送出愛和了解，一個激動的人可以安靜下來，也可以變柔軟。在這傳輸過程中，處於昏迷狀態的人要的不是話語本身，而是發自內心的接納與關懷。

　　雷凡特別強調，在使用以心溝通應有的區辨能力，我們要小心不能將自己的需求、渴望、待議事項強加在瀕死的人身上——即使我們知道什麼對那個人是最好的。他在《生死之歌》這本書裡說明了這點，下面是這則故事：

　　一個護士在雷凡那裡學了以心溝通的技巧後，試著用在一個

＊　譯註：中文版由汪芸、于而彥譯，天下文化出版。

拒絕承認他快死了的麻煩病人身上。她每天會到他的病房好幾次，透過她的心靜靜地告訴他應該接受死亡，而不是否定它。最後，護理長告訴她，病人要求她不要再進到他的病房。當那護士問為什麼時，護理長回答：「他說你話太多。」

以心靜靜地溝通可以用在距離很遠的地方或近在床邊。宋嘉捲入一場家庭事件，她的家人不想讓她爸爸知道他得了癌症就快死了。很不幸地，在保留這個秘密的同時，她覺得和父親的談話只在表面的層次，這對她卻是很痛苦的，因為她還有很多事要和他討論。我建議她可以試著透過她的心和他說話，即使他在千里外。宋嘉懷疑它會有任何效果，但還是試了。她告訴父親，她知道他得了癌症，她希望他能活著，但她願意去接受他的離開，如果那對他是最好的。

幾個星期後，宋嘉覺得對這種處境冷靜多了，也比較平靜。然後她作了一個夢，父親在夢裡告訴她：「我知道醫生對我隱瞞什麼，我沒事，所以不用為我擔心。記得幫你的車子加油，每三萬哩要換輪胎。」透過這個信息，她知道不用再為父親那麼操心，而是要集中在她自己生活中一些基本的事情上。不久後，當她再次去醫院看他時，她是唯一能靜靜地坐在他旁邊、冷靜接受他的狀況的家人。

練習 2-2

以心與臨終所愛的人聯繫

坐下來，閉上眼睛。用幾分鐘的時間，把注意力完全放在你呼吸的方式，感覺氣息通過你的鼻孔，集中在胸骨兩乳之間正中央的地方。覺察那裡的任何感覺，不管那是多麼細微。你也許會想用手指觸摸那個地方。一旦你的注意力已經集中在那個地方後，就用心地吸氣和呼氣。

現在開始透過你的心和你所愛的人說話——靜靜地、溫和地、信任地、有同理心地。讓想說的話透過呼吸的震波從你的心流出。你也許想告訴這個人你完全地在場，你在乎這個人，在這過程中你要支持這個人，以及如果死亡發生了，你將會思念他／她。或者你可能只想從心裡傳送愛給他／她，當你輕聲訴說時，保持感覺與心相連的狀態。

與昏迷狀態的人溝通

有時候瀕死病人會進入無夢狀態，不再對任何人或環境反應。那時我們以前所知道的溝通方式已不太可能，但是內在溝通的技巧，包括透過心說話，仍能保持一種聯繫。如果你在所愛的人生病的這段期間持續練習這些技巧，當昏迷產生時，你就不會

有被切斷聯繫的感覺，而在內心裡，你將感覺有一道溝通的橋樑。

精神醫師亞諾・閔得爾（Arnold Mindell）在他那本傑出的著作《昏迷》（*Coma*）一書中指出，很多人在昏迷狀態時，事實上是在另一種意識狀態，而且如果我們能學習更精細的溝通方式，跟他們溝通是可能的。閔得爾仔細地傾聽和觀看，被混淆時就辨認、問問題，以確認這個人的體驗。以這種方式，閔得爾能進行有意義的對話，探索一個人在瀕死時可能經歷的任何衝突。

在自我介紹之後，閔得爾在昏迷者旁邊坐下，觸摸那人的手腕和手，調整自己的呼吸到和病人相同。然後，他判定那個昏迷狀態的人內在的經歷，對旁觀者看不到的一些事件給予評論：「不管正發生什麼事，不管它是什麼，它會指引我們一條路。它將會是我們的指引，所以繼續地感覺、看、聽，並且隨著感覺、視覺、聲音和發生在你內在的變化移動，這會帶你到你該去的地方。」（Mindell, p. 30）接著，閔得爾尋找任何微妙的回應，像抽搐、痙攣、臉部的活動、眼睛的打開或聚焦，以及這個人呼吸的改變。用這種方式，溝通建立了。閔得爾堅稱他「還沒遇過對『這種』互動不會產生回應的人」。

在《昏迷》一書中，他描述一個名叫約翰的八十歲病人，進入半昏迷狀態已六個月了。閔得爾被請來時，約翰正表現強烈的激動、吼叫和呻吟。我在前面提過，一個瀕死的病人覺得被誤解時會很激動，閔得爾完全理解這個概念，也證實這個概念。他在約翰旁邊坐下，開始跟著他呼吸和呻吟。雖然這個人有好幾個月沒說過一句完整的句子了，但是一個對話卻展開了。透過殘破簡

短的詞句，約翰宣告有一艘大船正為他駛來。閔得爾問一些純粹反映想了解約翰正在經歷的問題，約翰揭露他不想上這艘船。這時候約翰顯得更激動，閔得爾覺得，他們的對話已經接近約翰在面對瀕死時某個衝突的核心了；閔得爾繼續問約翰一些問題，以幫助他探索這個衝突。

約翰告訴閔得爾這艘船要帶他去度假，可是他以前沒有度過假，他覺得自己該回去工作。閔得爾鼓勵約翰去探索這艘船，然後向閔得爾報告他所看到的。約翰描述有一群天使在駕駛這艘船，這趟旅遊是免費的。有了這些信息，閔得爾鼓勵約翰去度假——他可以再回來或繼續旅遊下去。約翰最後的話是：「好耶，好耶，到巴哈馬度假，巴——哈——馬，好耶，嗯，不用工作。」就在這時候，約翰進入平靜的睡眠，半個小時後死亡。

閔得爾有引發因昏迷而無法說話的人進行口語對話的天份，但對有些病患，他必須仰賴非口語的溝通，尋找一些線索，像呼吸的改變或微妙的身體動作——例如，在嘴巴、眼睛、眉毛或手的動作。如果這些動作持續對某個刺激反應，可能就是傳達一種溝通的方式。一個昏迷的病人對閔得爾的話僅用一點點眉毛的動作回應，但這就足以讓閔得爾了解這個人的信息。

上面那個與約翰的對話，示範了在和瀕死者溝通時的一種象徵性性質，渡過河流或去旅行常常是瀕死者用來描述他們過渡經驗的隱喻。瑪利－璐易斯・孟法蘭茲（Marie-Louise Von Franz）在《論夢與死亡》（*On Dreams and Death*）中寫道：「在我的經驗裡，夢中旅行的比喻常常也是快死的符號。」（Von Franz,

p. 64）對約翰而言，死亡是一個旅行——一個非常擾人的前景，因為他從沒請假去旅行過。

　　一個七十歲的老人邁爾比在面對死亡時也有衝突。他因為跌倒在頭部留下一個致命的傷害，但在這之前三天，他做了一個很鮮明的夢，他立即和女兒凱薩琳分享：「我到里約找璐絲，可是到處找不到人，所以我又回來了。」璐絲是他的前妻，他們已經離婚三十多年了，在這中間他們很少聯絡。可是璐絲得了骨癌快死時，邁爾比非常關心，也很想去看她，就在他要出發前跌了一跤傷到頭，引起嚴重腦出血。他的話意謂著，也許他要在死亡裡和前妻相遇，他先到里約去探險，但她還不想見他，所以邁爾比沒有如醫生預估那樣會立刻死亡，他昏迷了五天才過世。

　　了解邁爾比的衝突，凱薩琳在他昏迷時和他說話，向他保證，很多已故所愛的人都會在那邊等他，璐絲也很快就會到。邁爾比平靜地死亡，兩天之後璐絲跟著死亡。這故事提醒我，過去的關係對瀕死的人變得多麼重要——即使是一個外在的重要性看來已凋零好多年的關係。凱薩琳有那個敏銳度去傾聽邁爾比，而不以自己認為的重要性來做評判。她知道自己父母離婚及仇恨的歷史，她可以很輕易地打發邁爾比找璐絲的話，雖然她不是很懂，但她很願意去傾聽及支持父親有再次看到璐絲的渴望。

　　另外有個深深感人而且現在非常有名的例子，伊薩貝爾‧艾倫德的女兒生病，後來進入昏迷狀態。她的母親堅信女兒寶拉最後一定會醒過來，她以寫長信的方式保持與女兒的溝通，後來成為艾倫德的回憶錄《寶拉》（*Paula*）。「聽著，寶拉」書這樣

開頭，「我要告訴你一個故事，那麼等你醒來以後才不會覺得很困惑。」艾倫德以敏感度與幽默感記錄了家庭的歷史，以及表達她照顧沒有反應的女兒時的恐懼與情緒。幾個月之後她有個幻覺／夢，她女兒對她說話。

聽著，媽媽，醒過來。我不希望讓您認為這是您在作夢，我回來請您幫個忙……我想死了，但是我自己做不到。我看到我前面有一條很明亮的小路，但我沒辦法跨出那第一步，有個東西捉著我。在我床上的只是一個受苦的身體，一天天的惡化；我渴得要死，我呼叫要寧靜，可是沒有人聽見我，我好累！……那唯一讓我退縮不敢前進的小東西就是要自己獨行；如果您抓著我的手的話，要到另一邊會比較容易些——死亡的無限孤寂令我害怕。再幫我一次，媽媽。您有如一頭母獅奮戰著要救我，但是事實就要擊敗您。現在這些都沒有用了……我曾經擁有我的生活，現在我要說再見……我死了以後，我們可以用您和您的祖父母以及和我奶奶溝通的方式保持聯繫；我會持續的、輕柔的在您之內，您叫我就來。沒有了我生病的身體在您前面，溝通會比較容易些，您也可以看到我健康時候的樣子。（Allende, p. 315）

這個幻覺／夢對艾倫德是個轉捩點。她明白女兒不會再醒過

來了，她現在需要的是幫助女兒安詳往生，而不是為她爭取生命。在進入昏迷近一年後，寶拉「以如同她生命事跡般完美優雅地」（Allende, p. 325）死在母親的懷裡。寫那些信幫助艾倫德度過女兒昏迷那段飽受身心蹂躪的數個月，以及為女兒的死亡做準備。

一旦我們比較了解昏迷狀態的人所經歷的，我們就比較不會用他或她「不在那兒」的方式對待這個人。醫院裡，習慣在昏迷狀態中的人周圍口無遮攔地說話，假設他們什麼也聽不到。但很多有關瀕死經驗的文獻記載著，那些從昏迷中醒過來的人能詳細說出醫生們的對話和過程。

有個叫傑生的當事人分享他在醫院和昏迷中的父親班的一個令人緊張不安的經驗。有個下午，一個護士檢查班的生命跡象，然後在班的面前對傑生宣告：班已在死亡的最後階段，也許不會拖過當天的半夜。那句話一說完，班突然直立起來，瞪著那護士，然後又沉落到床上。好像故意刁難那護士似的，他撐到隔天的下午才過世。

當你覺得與昏迷中的人溝通已經中斷，試著依照亞諾‧閔得爾的建議。此外，寫信給你所愛的人（第四章會詳細說明），或者用這章的練習 2−1 和 2−2，所有這些方法都可以幫助你與一個看起來「沒有反應」的人維持聯繫。

死亡發生時你不在場

我有些當事人最深的遺憾是來自於所愛的人死亡時他們不在場，他們覺得錯過道別、表達愛以及一起度過那最後無可換回的時刻。有些人只離開病床一下，回來時卻發現病人就在他們離開的那段時間死了；有的人是在到醫院的路上，但卻晚了一步；有些人是沒有一點預警，因為那個人突然死了。這些不在場激發一連串的情緒：生氣、罪惡感、遺憾、悲傷難過，或是這些情緒的混合。特別是當死亡是殘暴的、自殺或意外的結果時，那些遺族家屬一次又一次地回想與那個人最後會面的詳細情形，以及想像那人死亡時的總總可能現象，他們會因此而有極深的悲痛情緒。

培養溝通的技巧同樣可以幫助你讓自己置身在你所愛之人死亡的現場，如果你對死亡的場所感到不舒服，你可以選擇另一個場所，一個讓人比較平靜的環境。就像在前面的想像練習一樣，用你所有的感官去感受這個地方是很重要的。在你的想像裡，和這個臨終的人一起坐下，表達你心中的話，以及說再見。接納你所愛的人最後可能想向你說的話，還有記得說：「我愛你。」練習 2-3 將幫助你用想像去經歷一個你不在場時所愛之人的死亡細節。

練習 2-3

想像所愛的人正在過世

在你的庇靜所裡坐下，閉上眼睛，放下所有的干擾與關切，把注意力完全放在你想像裡的內在景象。想像你坐在那個快要去世的人身旁，你看到什麼？聞到什麼？聽到什麼？感覺那個人的呼吸是平順或吃力、輕或重？把你的呼吸調到與他／她一致，使你們一起吸氣與呼氣。

你正參與一個過渡的神聖時刻，分享一個生命的最後時刻。現在該是表達你的愛的時刻了，不管用語言或碰觸。還有沒有未解決的議題是你想提出來的？注意傾聽，這個人是不是想和你說話？探索讓你抗拒讓這人走的可能原因；然而，因為要真的放得下可能要花上幾天、幾星期或幾個月，要進行到這個練習的下一個部分之前，別擔心這個過程還沒有結束。

當你準備好時，向這個人確認他或她現在可以出發了。說再見。要完全地在場以及覺察最後一口氣，就如同你已經知道的，這象徵著一生以及你們關係的結束。死亡已經發生後，花點時間和這個遺體在一起，反思一下剛剛所發生的一切以及你的失落。允許自己完全地體驗它的衝擊；如果有必要，就哭吧。既然你已完全參與了所愛之人的過世，冥思一下自己的感覺。注意這個人隨著時間的過去而在身體上產生的任何細微變化，你也許可以感

生死一線牽：超越失落的關係重建

覺他們的靈魂還在那個房間。

　　當你覺得可以了，就準備離開。打開眼睛，並寫下你所經歷的。

遺憾與罪惡感

　　克利斯汀因母親貝蒂過世時她不在旁邊，而感到非常失望，每當她想起母親孤獨地死亡，就不禁感到悲哀。在一次諮商中，我引導她用想像到母親死亡的醫院，坐在那虛弱的身體旁，克利斯汀拿起母親的手。那手好冷，也有一點僵硬，可是克利斯汀感覺到一個非常微弱的擰壓。流著淚，她對母親說她有多愛她。

　　當克利斯汀安慰地握著母親的手時，母親的呼吸變得愈來愈短促及吃力，突然她打開眼睛，以一種無法形容的愛看著克利斯汀。但很快地，母親又閉上眼睛，再吸一口氣，在龜裂的嘴唇上留下一個笑容，死了。克利斯汀啜泣著，深深為她能和母親分享如此神聖及親密的一刻而感動，她不再為有遺憾的悲傷所苦。

　　蘇珊的母親去世時她也不在場，她覺得有必要探索遺留在她悲傷中的問題和遺憾。她因為把母親放在安養之家而覺得罪惡，對母親在醫院的最後日子及死亡時的經過也有許多的疑惑。在她的日誌裡寫著：「我很希望能和母親談一談，問她一些生前來不及問的問題，我希望現在和她在一起，以彌補我過去未陪伴她的時間……我打算和母親有個對話，以及用想像和我的愛去傾聽她

的回答。」

　　下面是蘇珊對那次內在對話的記錄：

蘇珊：您很平靜嗎，母親？

母親：是啊，可是那不是你想像的那種平靜；那不是
　　　被動的冷靜，而是較多的接納與了解。

蘇珊：我一直為爸爸死後沒讓您和我們一起住而覺得
　　　罪惡。這很複雜。我以為我們還有好多年，我
　　　希望您在離我不遠的安養之家裡得到改善，我
　　　希望您能漸漸獨立。我想沒有爸爸在旁支配
　　　您，您就可以好好享受生活，我也計畫好我們
　　　夏天出航旅遊。一方面我也擔心，如果我們住
　　　在一起，我會失去獨立性，它是好不容易才達
　　　到的。每當我想像和您以及邁可住在一起，我
　　　就感覺看不到自己的空間；我很懷疑自己怎麼
　　　可能同時滿足你們倆的期望，特別是它們可能
　　　非常不一致。我是不是過分自私了呢？

母親：我是不了解，這是個事實。可是在那個時候我
　　　們只能做我們能做的，我並沒有因此而對你有
　　　意見。我感謝上帝讓我有你，如果沒有你，我
　　　該怎麼辦？我還能求助誰呢？

蘇珊：您病倒前及最後一次從安養之家被緊急送到醫
　　　院時，您的感覺是什麼？

生死一線牽：超越失落的關係重建

母親：我覺得很孤單。我覺得沮喪與灰心，我不了解
　　　我為什麼會在那兒。我想和你在一起，我有點
　　　生氣——氣自己的無助及困惑。在那邊工作的
　　　人似乎都不在乎，一點點的仁慈已是這世界上
　　　最珍貴的獎賞了。我不想成為你的負擔，我知
　　　道你有你的生活及工作。我只希望你再握一次
　　　我的手。我想要熟悉的東西；我想回家。

蘇珊：您想到死亡嗎？

母親：是的，「家」就是關鍵。我開始想到很久以前
　　　我在醫院的那次經驗。

蘇珊：一種接近死亡的經驗。

母親：是的，我並不害怕，我記得我感到平靜的那種
　　　感覺。我決定現在該是我回家的時候了，那是
　　　我可以到達的家，我想像你父親也在另一邊等
　　　著我。我等了你很久，我無法想像你沒有和我
　　　在一起。

蘇珊：您發現醫院幫您做人工復甦術時，有沒有生
　　　氣？在用維生系統的那九天，您有知覺或意識
　　　嗎？

母親：我從沒想要那樣。在醫生的照顧下，我死了，
　　　正如我也曾經活過，不是嗎？我知道你每天都
　　　和我在一起，我知道你在那兒。我的意識進進
　　　出出，那很痛苦，可是如果沒有那樣，我們就

永遠不會有那個時間，那個時間對我而言真的
很珍貴。我感覺你對我的愛。最後一天你回家
吃晚飯時，我知道我的時間已經到了；我知道
我永遠無法再看到你了。我珍惜我們曾有過的
那段時間。

蘇珊：當我說再見時，我覺得有點難過，覺得受到您
　　　的抗拒。我向您保證吃過飯就回來，我特別強
　　　調這點，因為我不想告訴自己其他狀況會發
　　　生。您在加護病房受到很好的照顧，他們把您
　　　移到普通病房時我很生氣，在那兒您沒有受到
　　　該有的注意與照顧。

母親：對，我沒有，好像沒有人關心；我只是另一個
　　　去麻煩他們的軀體而已。

蘇珊：我接到通知前往醫院，進到病房時您躺在床
　　　上，沒有人幫您蓋起來，沒有人在我走進病房
　　　前告訴我您已經死了。我很高興當時邁可和我
　　　在一起，我看到您的身體時，我對邁可說：
　　　「她已經走了。」那時您的身體讓我看起來就
　　　是那樣，您的身體看起來不像我的母親，在我
　　　看來，很明顯的您已經不在那兒，您已經走了。

母親：我已走了，而且帶著解脫感，但並不是說沒有
　　　痛，分離的痛勝於身體的痛。但是本來就是這
　　　個樣子，我知道它會是這樣。除了你以外，任

何曾對我有任何意義的人都死了。我並沒有走得很恐懼，而是很感恩，能和我所愛的人在一起，讓你繼續你自己的生活，讓它回到本來的面貌。你不需要有遺憾。擁有你時，我愛你；放開你時，我依然愛你。好好過你的生活，並且活在愛中。

讀過上面的對話，蘇珊覺得真的和母親在溝通。她可以感覺母親的存在及愛，母親的話很令人安慰，也澄清了一些疑惑。當她表達了母親生病期間她的罪惡、衝突及關心後，她覺得解脫了；同時，她也比較了解母親在生病期間及臨終時所經歷的——羞辱、挫折、恐懼及平靜。

用內在溝通，我們會發現，死亡不必然會切斷我們和所愛之人的聯繫。用寫信，或用像蘇珊那樣的對話，或只是透過我們的心說話或用心像，我們可以找到與瀕死或已故者間關係改變和成長的新可能性。

這裡還有另一個附加效果，就連那些受惠者都太常忽略掉的好處：我們與已故者之間所產生的突破或療癒效果，能強化我們的能力，去和活著的人建立有意義及圓滿的關係。

第三章

夢見已故的人

是夢，讓真正神聖的生命開始，也重新建立了
與上帝、心靈及祖先靈魂的直接關係。

馬西亞・伊來得（Mircea Eliade）

是夢，讓很多人首次體驗到與已故所愛的人的持續關係。當我們在哀悼時，鮮明地夢見那個人是常有的事，而且這些夢的真實感會使我們震驚。從這些夢醒來的剎那，我們常會搞不清楚或失去判斷力，疑惑那個人究竟是不是真的還活著；然而，當恢復清醒的意識後，我們知道這個人真的已經死了。但是，在夢中看到這個人的經驗能安慰我們，甚至向我們保證：雖然我們有失落，但是他／她仍活在我們內心裡。很多人珍惜這些夢，一輩子記得它們，然後期待下次在夢中與所愛的人再次相會。

像這種死亡之後的夢可以分成幾大類：

- 向作夢的人保證，雖然死亡已發生，亡者仍可接近且不再受苦。
- 顯示與作夢的人關係已改變，但並沒有結束。
- 關係中未解決的議題仍可被提起，或被積極地談論。
- 亡者給作夢的人支持或指引。

再保證之夢

再保證的夢對正在悲傷的人是一大解脫，通常亡者顯得平靜，並力勸作夢的人不要擔心。有趣的是，在大部分的夢裡，都是作夢的人無法調適死亡已經產生，而不是已死的人有這個困難。例如，貝絲在父親死後有這樣的夢：

在我這輩子最逼真的夢裡，我和父親一起散步。我告訴他，他的死亡讓我多傷心，而能夠再看到他有多好。他轉向我，捧腹大笑問我：「你為什麼傷心？我很好啊！」我感到舒解但告訴他，可是我難過不能再和他在一起。他停下腳步，看著我的眼睛說：「貝絲啊！我當然是和你一起的呀。」

羅拉的祖母死後不久，她夢見祖母走進客廳。羅拉感到很安慰可以再看到她，可是也被搞混了，因為她的祖母才剛過世，怎麼會出現在客廳。羅拉說：「能再看到你，我興奮極了，可是我想你已經死了。」她的祖母簡單而肯定地說：「我從沒死。」羅拉醒來後，很確信她和祖母的關係並沒有因為死亡而中止。

確認關係之夢

很多夢確定一個事實，那就是：我們和所愛之人的關係並沒有被切斷，而且即使身體已死，關係仍持續在發展著。夢能展示死亡對關係、以及已死的人都有轉換的效果。好像是要強調死後的改變似的，剛過世的人常常顯得健康、充滿活力，而且比生前最後一次看到時還年輕。

艾麗安寫信告訴我一個她媽媽死後一年她所作的夢。她媽媽癱瘓了十一年，雖然意識清楚，但無法走路、說話、讀或寫。照顧母親殘廢的身體對艾麗安而言，是個令人心碎的經驗。

57

我看到一間大房間，裡面有一群人沿著牆旁的椅子坐著，中間空蕩蕩的。我注意到一個婦人精神勃勃地繞著房間邊走邊擺蕩著雙手。她穿一件長而寬鬆的衣服，有點像睡衣。後來我認出來了——她是我媽媽！她直接看著我，對我微笑及招手。

　　艾麗安認為這個夢是母親給她的信息，告訴她現在母親已不受身體的限制了。當艾麗安看到那燦爛的笑容及親切的招手時，她知道母親很快樂。即使幾年後再回想起這個夢，都給艾麗安一個深刻而安慰的喜悅。

　　芙蘿也是透過夢經歷和父母親關係戲劇性的改變。她的父親死後不久，兩次出現在她的夢中，他強健而年輕的身體散發出白亮的光。這種改變讓芙蘿目瞪口呆，因為在她的生命中，父親大部分時間都在生病。在這些夢之後，芙蘿很確信父親在死後的狀態並沒有受苦。十年之後，芙蘿的母親因為心臟手術失敗引發極度痛苦併發症，幾個月後死亡。芙蘿的母親死後，反覆出現在她的夢中：

　　　我媽媽和我很親近，就像姐妹一樣，我們分享每件事，她是一個善於給予、充滿愛、分享和照顧人的人。她死的時候，我已經不小了，可是她的死還是具有創傷性——在加護病房拖延兩個半月的漫長死亡過程。

生死一線牽：超越失落的關係重建

母親死後，我確信她會再出現在我眼前，而我將沒辦法面對。我只是不停地祈禱她會出現在我夢中，而她真的這麼做了。

　　她非常的不同了——她以老師的樣子出現。我可以認出她的身體，但無法認出她的精力；它和我所知道的完全不同了。她不准我叫她「媽媽」或說她已死了，如果我這麼做，她就會消失。

　　她教我在死後的生命裡，她不再是我的母親了；她繼續存在，但我們的關係已改變。在這些夢之後，我有自由的感覺，我知道她已找到真正的自己，因為她已超越今生的她所能做的——冒著讓其他人失望的危險，把自己放在第一位。她教導我要接受自己和她。這讓我意識到我在工作場上的方式限制了自己，在某方面也限制了我的人際關係。

　　剛開始的時候，芙蘿對這些夢感到失望，因為她失去了和母親間熟悉的溫暖關係；但在這些夢中，母親出現的方式鼓勵她對自己的生命多冒險，以及要有勇氣跟隨自己的感受。

　　作家貝斯・威特珍・麥克勞德（Beth Witrogen McLeod）在同一年裡雙親相繼過世了。她最後一次拜訪父母親的公寓時，她看到兩隻蠟嘴鳥，一隻公的，一隻母的，牠們在陽台上唱歌。她以前從沒在那公寓看過蠟嘴鳥，她立刻想到那是她父母親，因為這是她父母最喜歡的鳥。她這種同時性的聯想在一個夢中被確認

了，在那夢裡她父親一直重複：「紅蠟嘴鳥只有冬天才出現。」貝絲大叫：「所以在公寓的鳥就是你們！」她的父母笑著回答：「沒錯，沒錯。」

未解決議題之夢

菲利普・洛斯（Philip Roth）在他的回憶錄《家傳》（Patrimony）中描述，他決定讓父親穿著壽衣埋葬，雖然他知道這不是父親的個性。他的父親不是一個正統的猶太教徒，而是一個堅守日常生活細節的老頑固。埋葬父親後六個星期，洛斯夢見父親穿著白色壽衣告誡他：「我應該是穿著西裝，你做錯了！」（Roth, p. 237）

死亡之後不久，在夢中浮現未解決的感覺是很普遍的情形，特別是針對那些生前就害怕面對面去談，或面對面談些會令人有威脅感的議題，如：人格的缺陷或弱點、家庭秘密、嗜酒、藥癮、亂倫等等──所有這些被壓抑的事。

約翰・布雷得修（John Bradshaw）在他的著作《布雷得修：論家庭》（Bradshaw On: The Family）一書中描述，「家庭恍惚」（family trance）是指家庭成員間對事實共享的「無疑問觀」（unquestioned view）。布雷得修說明了這種恍惚狀態會如何因「離家、長大，以及和母親的聯結斷裂而打破」。這個恍惚狀態也會因家庭成員的死亡而粉碎，特別是父母親的死亡；這也是我們開始認清我們成長的聚斂性條件作用（constrictive conditioning）的時候，以及從一些可能以前被疏忽的問題中得到深層的體悟。

　　夢會讓這些未被解決的議題出現，並提供療癒的指引。當我們忽略這些夢時，它們常會重複出現——如果我們仍繼續忽略它們，更可能會發展成惡夢。蓋兒說她持續夢見父親瀕死，但他在她還處在青春期時就死了。她從惡夢中醒過來，無法擺脫父親痛苦的樣子。他過世時或在那之後，她並沒有悲傷——也從沒有覺得有此必要；但在治療過程中，這些惡夢標記了她未解決悲傷的出現。當蓋兒開始積極的哀悼時，她的夢帶給她的是愈來愈健康的父親影像。她治癒得愈多，她的父親就愈健康。最後，當這個悲傷階段結束時，她的父親就不再出現了。可是，注意到我說的這個悲傷階段：我們從沒有完全的結束悲傷，有時候它會再浮現，這是正常的。我提醒蓋兒，她父親未來有可能再出現在她的夢中，特別是當她的悲傷又活躍起來時。

　　再舉另外一個例子，保羅的母親過世後不久，他反覆夢到母親酒醉在屋內跌跌撞撞、含含糊糊說話的樣子。這些夢回歸到他母親生前的確是嗜酒，她還活著時，家人一直逃避面對這個問題。

　　當家人還在時，家庭系統是穩固的；當一個成員死亡時，這個系統陷入一個混亂階段，解組每個家庭成員。舊的因應模式已不再有效；存活者覺得精疲力竭，失去活下去的熱誠。這個精疲力竭夾雜了迷惑與幻滅，但也挪出空間讓新的覺知進入意識——這種覺知在其他時間可能會讓人抵制不讓它接近。

　　在悲傷下，保羅無法再忍受否認母親的嗜酒；在夢中他可以

清清楚楚看到這點。剛開始時，他覺得被這個覺知所淹沒，他不願意讓母親更令人安慰的影像溜走。但在他的悲傷支持團體裡，他聽到其他人也有類似令人困擾的深刻體悟，因此感到舒解多了。有了團體成員的支持和鼓勵，他學著去談內在的混亂，並教育有酒癮的大孩子。

可是相反地，有些夢可能帶回令人痛苦的信息，讓作夢的人知道他們未能在亡者還活著時表示感激，或尊敬亡者生前的正面特質。有個叫湯姆的當事人，有一次在諮商過程中說，他的弟弟羅伯特還活著時，他並不是很喜歡弟弟。每次湯姆逃避弟弟的拜訪後，他會有很緊繃的感覺。在分離好長一段時間之後，他的弟弟突然心臟病發作死亡。湯姆對弟弟的死亡感到痛苦不堪，但幾星期後，死後的羅伯特出現在湯姆的夢中，這讓湯姆感到舒解多了。羅伯特靜靜地站在湯姆前面，他以充滿愛的眼神看著湯姆。湯姆看到他的弟弟而欣喜忘形，湯姆對弟弟感到一股無法抵擋的深愛。在夢中，湯姆突然了解他的弟弟曾是多麼的真誠與關心，這些特質在弟弟還活著時，他從沒注意到。在這些夢之後，湯姆持續透過想像的練習發展這個新關係。

有個戲劇性的夢打開一個叫蘿絲的女士對父親的感激和尊敬，這在他生前是不可能的——因為她不知道他是她的父親。在這個人死前幾個月，蘿絲已經知道一些有關母親的驚人消息，也正要開始探查有個親近的朋友就是她父親的可能性。她本來很想跟他談這件事，因為她確定他一定知道真相，可是他在這個談話之前就死了。在那不久之後，蘿絲有個重要的夢，在夢中這個人

快死了，躺在她的雙臂裡，他溫和地看著她。「我親愛的女兒，」他說。「你真的認為我是你的女兒嗎？」蘿絲問。「當然。」他回答。在夢中，蘿絲知道父親將死在她的懷裡，她在十分喜悅與平靜的狀態下醒過來。

夢也可能會凸顯出在悲傷過程中被壓抑下來的事。約瑟在他的太太琳死後幾個月夢見她。在夢中，琳在床上伸展開來，看起來很蒼白及虛弱，她很努力地伸手給丈夫，那個溫柔的手勢讓他深深感動，而從夢中哭醒過來。這些眼淚讓他感到驚訝，因為太太死後他一直試著保持冷靜，而這個夢突破他的防禦。現在，讓自己表達沮喪失望、讓自己哭泣，使他感覺真好。幾個星期後他的太太又出現在夢中，這次她是健康且滿足的。

支持或指引之夢

很多在悲傷中的人夢見已死的人給他們支持和指引。事實上，有時候這個人好像比生前更富慈悲心，以及更有洞察力。

在一次的訪談中，小說家奧斯卡·西鷺洛斯（Oscar Hijuelos）描述他已故的父親如何在他生命特別有壓力的階段幫助他度過。在寫他的小說《曼波國王》（*The Mambo Kings*）時，西鷺洛斯得到很疼痛的疹子，嚴重干擾他的寫作，他覺得疹子的爆發是出於他在書中揭露家庭秘密的罪惡。在危機高峰時，他作了一個夢，在夢中，父親在一條河流中溫和地洗濯他。他醒來後，有股強烈的健康感，他的疹子也不見了。西鷺洛斯確信那是父親給他

的祝福，要他繼續完成他的書。

在第一章我提到，朵琳在父親死後不久夢見他。在這個夢裡，整個家人圍著父親，她的兄弟姐妹們針對房地產的事一直提出問題。這位父親生前很成功地經營及管理家庭的金錢，但是很明顯地，他現在對這些問題很不耐煩，因此他對家人說：「現在這些不關我的事了。」然後，他轉向站在房間後面的朵琳，用溫和而肯定的語氣向她保證：「我保證你的農作物不會失敗。」朵琳被這個夢深深感動，一方面是父親價值觀的明顯改變；一方面是對她的「農作物」的保證。她對這句話感到困惑，但將它解讀是父親在看顧她，以及她能好好供養自己。很多人報告有過已故所愛的人表達價值觀和態度改變的夢，就好像在這個夢裡那位父親說：「現在這些不關我的事了。」

瀕死之夢

瀕死的夢教導我們了解瀕死者的衝突矛盾，以及他們已試著去為死亡做準備。小心注意這些夢也許可以揭露出我們未完成的事，以及我們無法在平靜中死亡的「死亡恐懼」。夢的治療先驅瑪麗－璐易斯・孟法蘭茲，提供了很多病人的案例，這些病人的夢為他們的死亡做準備，但她也建議潛意識本身不包括死亡，這意謂著一個個體的心靈生命會持續下去。她相信潛意識為意識準備的不是一個有限的結束，而是一個轉變。在飛瑟・波娃（Fraser Boa）的《夢的方式》（*The Way of the Dream*）一書中，孟法

蘭茲把一個瀕死婦人夢見一支蠟燭在窗枱上慢慢燃燒的情形做了一個相關連結的說明。當蠟燭開始閃爍不定時，這婦人開始恐慌，以為大黑暗將來臨。在那個時候，蠟燭突然又明亮地在另一面窗戶的窗枱上燃燒著。孟法蘭茲將這個夢解釋為：「沒錯，你生命的蠟燭在閃爍不定，但生命會以另一個形式在另一個空間繼續存在。跨過這扇窗戶所隔離的門檻後，這個相同的生命將持續下去。」（Boa, p. 214）

這個夢幫助這個婦人重新架構她對死亡的了解：她學會不再以一扇關閉的門來看它，而是一個門檻的經歷。在本質上，門檻涉及物質形式突然轉變的現象，例如，液體結冰或蒸發的點。孟法蘭茲寫道，死也許就是像這樣的門檻，涉及到我們已知生命的轉化。

吉洛米的夢

雖然吉洛米目前並沒有生命危機，他來找我諮商是因為他覺得他的工作和生命單調無趣而沒有意義，大部分時間都精疲力竭，他不再對任何事情感到興奮。我鼓勵他帶一個夢來。剛開始時，他堅持他沒有作夢。我告訴他，睡覺前要有個動機去記住一個夢，在床旁放一本記事本及一支筆，他什麼時候醒過來，就馬上將他能記住的夢寫下來，不管有多短或看起來多麼不重要。在下一次諮商時，他帶來一個令人困惑的夢：黑暗的地窖裡有一些病得快死的馬，沒有食物、水和光，有些馬已經死了。在簡短地

討論這個夢之後，我要他閉上眼睛，再進入這個夢。在他的想像裡，他回到那個地窖。

當他如此做時，他對馬的受苦感到苦惱，四周布滿腐爛屍體的惡臭，牠們無助地在黑暗中縮成一團。以前牠們的主人會給牠們豐盛的金黃乾草，現在再也沒人餵牠們或關心牠們。突然，在黑暗的角落裡，吉洛米的母親向前走出來；她沒有說話，但很溫柔地向他伸出她蒼白的手。

當吉洛米再次打開眼睛，我們討論他所經歷到的情形。他很訝異這麼輕易地就可以再回到夢裡。那些馬跟原來的夢一樣逼真，但他對母親的出現感到困惑，因為先前母親並沒有出現在夢中。

談到母親時，吉洛米聲音嘶啞，臉上情緒激動，他母親在他五歲時就死了，留下父親在經濟上掙扎，加上親戚盡可能的幫忙。心理治療到這個階段，吉洛米一直將童年這個創傷事件的影響減到最小，雖然他的母親以前是全心全意、有愛心和很照顧人。當吉洛米在深思他的夢境時，他想到當那些馬被拋棄時，他也一樣地感受到；當那些馬受苦時，他也一樣受苦。雖然吉洛米原先並沒有夢到母親，但腐敗的馬屍和瀕死的馬的影像已夠令人不安到無法把失去的母親帶到意識來。透過想像讓自己再次沉浸到夢裡，使得他可以把馬的狀況和自己未解決的悲傷作連結。他很好奇如果他又降到悲傷的黑洞裡，讓他全心全意在那兒一段時間，會發生什麼事，他的生命力會再回來嗎？

我們在下一次的諮商時討論這些體悟，我們把焦點放在他埋

藏的悲傷，這引發了悲傷的宣洩。在與母親的辛酸對話中，吉洛米告訴她，當她死亡時，他是多麼無助及孤獨。當母親和他分享必須離開他的深痛以及對他不變的愛時，他哭了。在吉洛米下一次的夢裡，那些馬兒不見了，地窖也布置成明亮的客廳，生命的影像替代了死亡的影像——吉洛米未解決的悲傷不再使他的生命力枯竭了。

準備之夢

　　夢常常會幫助人在失落前做準備。例如，我的一個當事人夢見她的母親告訴她：「我準備好要去和你父親會合了。不必擔心我，我會沒事的。」我的當事人醒來後感到非常平靜，持續了好幾個星期。她知道母親準備要死了，而且很快就會死，這個夢啟發她在母親生命的最後日子多花些時間陪她。

　　作家羅倫斯・孟德波斯特（Laurens van der Post）回憶他的一個夢，在夢中他的好朋友榮格站在花園門口向他揮手呼叫他：「後會有期啦。」榮格在當天晚上去世。像這種預期死亡的夢能讓人做好心理準備及安慰，因為即使我們瀕臨於失去所愛之人的邊緣，但是與那個人的心靈聯繫依然存在，並不會因死亡而中斷。

　　雖然這種夢可以很容易了解，但有些則可能比較不是這麼容易理解。在我父親死亡前，我有個複雜的夢。在夢中，有人敲我在飯店的房門，我應門時看到父親靜靜地站在那兒，慈祥地遞給我一朵白菊花。這朵花含著某種東西使我不想接受它，所以我試

著關上房門。我很激動地從夢中醒過來。直到癌症診斷出來後，我才領會到菊花是葬禮的花，這個夢讓我為父親的死亡做準備。當我作那個夢時，沒有人知道父親已有癌症，或會有癌症的發展，雖然我現在懷疑那時癌症可能已經靜靜在他身體裡。即使我當時拒絕那個夢的信息，但現在回想起來，我覺得父親手中那朵花的強烈影像在我心靈種下了種子，適時的長成，讓我可以接受父親已癌症末期的診斷。

很多準備之夢可能都在我們的疏忽中溜走了。你可能從一個看起來沒有意義的夢中醒過來，而覺得困擾與疑惑，但那在後來可能變成具有深遠意義。因為這個緣故，你的夢札記不但能幫你記下現在正處理的夢，也能追溯過去看似不相關但最後顯現出相關的夢。如果我沒有把菊花的夢記在我的夢札記裡，我可能早就忘了，也不會把花和父親的病聯想在一起。

很多人從準備的夢得到安慰，但有些人可能會感到苦惱，發現自己陷入恐懼感、無助或罪惡。有一次，琴夢見她去妹妹安的家裡，她的妹妹看起來很奇怪，有一種令人不解的疏離。琴突然想到是安死了，可是在琴覺得恐慌時，安大笑並安慰她不用擔心。

琴從不可控制的抖動及汗濕中醒過來，她立刻打電話給安，聽到安的聲音後才覺得舒解，但那個夢讓她充滿害怕。安是不是快死了？她能做什麼來避免這件事的發生？她很怕把夢說出來會變成真的，她把它推向心靈的黑暗角落，在那兒疼痛了五個月。然候有一天晚上，她接到那一直讓她很害怕的電話：「安在車禍中死亡。」雖然琴承認，那個夢在妹妹死後對她的確有幫助，但

她痛恨自己事先就經歷了好幾個月的苦惱。

如果你有像這樣的夢，把它當做起床鈴響。如果我們沒有先死，我們會見證每個我們所愛之人的死亡——也許很快，也許一段時間以後。如果你所愛的人明天就要死了，你會有什麼遺憾？有什麼還沒說的？什麼問題還沒解決的？今天你能做什麼好讓你覺得和那個人，以及對自己都比較平靜些？準備的夢不必然要把你丟進沮喪的恐慌中，它們能使你現在就行動，帶來關係的治療功用。

悲傷進展階段的夢

對所愛的人的死亡，第一個反應是震驚或否認，無法完全消化剛剛發生的死亡所產生的衝擊，身心的反應是麻木，視界邊緣模糊，感覺遲鈍。「我無法相信」是一般常見的反應。這個階段的夢可能反映這個震驚。我有些當事人夢見他們所愛的人同時是活著也是死了，這反映了他們的紊亂。例如，塔瑪拉夢見她的丈夫死在床上，但突然那個活的丈夫又走進房間，她在活的丈夫與死的丈夫間感到困惑不知所措，她到底該與誰有關？哪個是真的？有的人夢見他們所愛的人死了，醒過來以後希望那只是一場夢。或者一個人很有活力、健康地出現在夢中，說服作夢的人「他最後還是活著，他沒死」。這些夢反映震驚與否認的情緒反應，這是當一個人努力要整合新訊息到現實時早期階段的主要反應。震驚與否認幫助一個人緩衝失落的全面性影響，這階段的夢

也有同樣的功能。

另一方面，很多人在悲傷的早期階段完全沒有夢到去世的人；相反地，他們試著在夢中找到這個人，但卻沒有成功。在《哀悼未活過的生活》（*Mourning Unlived Lives*）一書中，朱蒂絲・賽瓦吉（Judith Savage）指出，找尋的夢通常發生在死亡後不久，而且這種夢通常會在哀悼的人接受失落的事實後停止。

但是，死亡的事實仍是一個重大的打擊，引發強烈而且常常是無法抵擋的情緒潮。這種情況發生時，經常出現帶有黑暗甚至嚇人影像的夢。在這個階段，很多人夢見他們迷失了或混淆了，或者夢見他們被海嘯或暴風所襲捲。我們應該了解，這些夢反映我們精神層面當時的狀況——舊結構的瓦解及原始情緒的湧出，兩者都能導致失去控制的感覺。失去所愛的人能使你生命的基礎動搖，將你淹沒在劇烈的情緒中，使得正常功能無法運作；它所產生的迷惑感可能會讓人深思熟慮，但也可能粉碎有限的自我感。如果你能向這瓦解及解散的過程屈服，悲傷可以轉化你，你會從中變得更堅強，以及讓你比進入悲傷階段時更具生命力。

艾娃在讀大學時父親去世，她常反覆夢見自己迷失在黑暗的街道，以及在漆黑的屋子到處搜尋。父親死後，她感到徹底的失落及沮喪。她告訴我，這些夢對她有安慰作用，因為它是如此真實地反映她情緒上所經歷的影像，它們也很明顯地引導她處理悲傷必須做的內在工作。在其中一個夢裡，她問一個人，她可不可以探索他的房子，因為她聽說那房子有很多秘密通道。沉默了好一段時間，那人告訴她，現在她有自己的房子了。艾娃與他爭

辯：「可是我要探索你的房子，因為它有秘密通道，」她說。
「你的房子也有秘密通道，」那人回答。「沒有，我的沒有，」
艾娃堅持地說。「有，那秘密通道就在那兒。」「哪裡？」「衣
櫥裡。」「可是我所有的衣櫥都看過了。」「通道就在那兒。你
必須先把衣櫥清乾淨。」

艾娃了解到她必須先清理她精神的衣櫥，把那些不再使用的
丟掉，然後她才能接近新的，她對秘密通道會到哪裡去感到興
奮。伴隨她夢中黑暗影像的同時，她聽到有個低語聲肯定她在悲
傷中進步；她不再受困在她所害怕的沮喪中了。

我父親死後的第一年，我作了一連串的夢，在夢裡我的房子
被改造，一間間的，從地基開始，每個房間都被拆掉重建。在重
建的過程中，我很難想像猛烈地拆除牆壁，還有玻璃的破碎，最
終將製造出更多空間以及可居住的房間，會是什麼樣的結果。的
確，我父親的死拆毀了我已知的世界；當我和朋友、家人分享我
的悲傷時，許多牆倒下了，讓我的人際關係變得更容易受傷害也
更親密。

深度悲傷期的危險之一是人會抓住悲傷不放，即使精神已準
備讓它結束。雖然人很容易過早把自己從悲傷中拖拉出來，但有
些人卻抓著不放，且拒絕再進入日常生活的活動場所。如果這樣
持續太久，常會有已逝所愛的人出現在夢中，鼓勵或告誡作夢的
人繼續過生活。有個人在他母親死後寫信告訴我，他的母親出現
在夢中對他說：「你的時候還沒到，所以要好好活著。可是，時
候到了時，記得帶件毛線衣，因為有點冷。」

在長長的悲傷活躍期間，夢到已逝所愛的人會使人心安。這些夢顯示持續性的關係是存在的，雖然這時候我們常常對此感到懷疑。雷諾在太太琳達死後六個月夢見她，因為她死後他都沒夢過她，所以他很高興再見到她。在他們的談話及探望中，他告訴太太，他一直懷疑在她死後與她的關係是否依然持續著，他以為從此以後她再也不會介入他的生活。琳達有點生氣他這麼沒信心，所以要給他一點溫柔的懲罰。從這個夢他了解到，毫無疑問地她一直存在他的心裡。

夢有時能帶你走過所愛之人的臨終過程，即使那事件已過了好幾年，大部分時候這種夢發生在悲傷過程的早期，但事實上它可能發生在任何時候。如果你發現自己在夢中再度體驗所愛之人的死亡，如果你發現這種情形令人苦惱或一再重複，練習第二章練習2－3「想像所愛的人正在過世」會有幫助。

夢的內容常常會隨著我們走出悲傷及接受死亡的情形而改變；它向我們挑戰，使我們活得更有活力及更真實。在悲傷期間，有一些改變在表面下發展，例如自我概念、價值、生涯與工作、關係、宗教與靈性信仰等等；現在，這些改變開始向外彰顯。這個時候，也是想法、創造力與潛能成熟的時候，是擴張、伸展及規畫遠大事情的時候。這時候的夢提示新的可能性、方向及希望，因此它們會反映對未來改變的興奮，以及在回應改變時可能浮現的抗拒、猶豫及疑惑。

艾娃連續好幾個月一直夢見黑暗的街道，但是在父親逝世快週年的前幾個星期，她作的夢終於有了改變。其中一個夢是一個

小棺材停放在教堂的神壇上,在棺材上寫著「一個新生命今天誕生了」。她還夢見她在一個印度儀式裡為自己證婚。艾娃認為這是反映父親死後她自尊的改變,她覺得比較有愛心及接受自己,對自己面對挑戰的情況也比較有信心。同樣地,另一個當事人在她父親死後快滿週年時夢見她在爬一個高梯子,當她快到梯子的頂階時,一個婦人從後面幫她往上推了一把。

在悲傷末期的夢常常反映與已故所愛的人內在關係的改變,這時候你應該已經能相信關係會持續下去,不必再像以前一樣需要夢一再地向你確認。你也許會預期所愛的人會有很長一段時間不會出現在夢中,但是你可能發現自己品味著偶爾的夢中探訪。艾娃苦惱她沒有夢見父親,直到他死後快一年,當他終於出現時,他有些氣惱她不相信他是始終跟她在一起;對他而言,他們的關係並沒有中斷。她父親逝世週年後的幾個月,她夢見和父親在一間可愛的老飯店會面,她穿著禮服帶了兩杯酒(一杯醇厚的紅葡萄酒給父親,一杯薔薇香的馨香葡萄酒給自己),走下樓去迎接他,他健康而纖弱,就像他早年一樣。他們倆都非常高興,互相乾杯。

她和父親的關係持續地揭開。他死後五年她有這樣的夢:

這天是萬聖節,我二十四歲生日的前一天。我因為前一天晚上失眠而精疲力竭,所以我提前離開工作回家小睡。當我進入熟睡時,我的父親出現了,他看起來強壯結實,就像當年他去看醫生那天那樣的健康

結實，但是那天醫生讓他坐在皮椅上，然後對他說他還有一年可以活。現在他到我工作的地方來看我，好像來考察我在舊金山的生活。我在接待處迎接他，牽著他的手，引導他通過走廊到我的桌子。我讓他坐下，請他吃東西。我很驚訝看到他用手抓東西吃，好幾次嘴巴都沒接到他試著要送進去的食物。我用餐巾擦他的下巴和手指時，我發現他已經忘了如何使用身體生活，如何進行生活中必要的小事。

看他的肉體笨拙地坐在那兒，我感到難過，知道這將是他最後一次以這大而不當的形式來看我。但在我落淚之前，他站起來，牽著我的手，走回走廊，走出那幢建築物。就在我們走到外面時，他開始唱歌，很快地我也跟著他唱，我們的聲音柔和而和諧地起起落落，直到他唱完最後一個音才放開我的手。

在保羅・艾平格爾（Paul Eppinger）的書《躁動的心，寂靜的憂思》（*Restless Mind, Quiet Thoughts*）中有個感人的夢，描述在爆發期（emergence phase）所愛的人在夢中探訪的經過。保羅自殺後，他的父親出版保羅的日誌遺著，一年多後他夢見他和兒子一起登山。兩個人靜靜地走了一段時間，他的兒子顯得滿足而健康，然後他告訴父親：

「爸，所有我早期的困惑與絕望現在都消除了，

我在這裡比較好；我可以很清楚地看到這個世界真的
不適合我。很奇怪，我們人類是如何一代接一代，愈
來愈偏離生命的自然本性……如果我當時能相信自己
——我的內在，那時只要往回一點點，也許我可以度過
……現在，我要走右邊這條比較陡的小路，如果您繼
續左邊這條，前面一點就可以看到很美的景觀。所以
我的旅程要繼續下去——您也一樣。我們下次見面時
再聊，等到那時候囉！再見。」（Eppinger, p. 195）

保羅和父親在夢中相遇，有如他們以前一樣，他們分享沉默
及話語，然後分開，各走各的路。這裡有個他們以後還會再見面
的假定——也許是在另一個夢裡。

所以，你的夢是珍貴的禮物，它們會引導你度過悲傷的挑
戰，並提醒你，在想像裡，你並沒有失去和已故之人的聯絡。你
的夢會讓你知道，你是否在壓抑悲傷；給你信息，讓你知道要治
癒的話要注意什麼。夢的內容會隨著你的悲傷的轉換而改變，最
初的夢常常反映哀悼的人正在經歷震驚與否認；在悲傷最活躍時
的夢會比較紊亂，甚至令人害怕。在劇烈悲傷數個月後，你的夢
會鼓勵你向外擴展，參與新的可能性及探索新方向。相信夢的智
慧，它們使你和潛意識裡無限龐大想像領域接觸，在那兒有充足
的資源可深入探索失落及治癒失落。下面的步驟可以幫助你回想
起夢及處理它們。

處理夢的七個步驟

1. 第一步是和夢建立關係，把它視為是來自潛意識的使者。也許你一直忽略你的夢，或貶抑來自心靈層次的信息，但這世界上大部分的文化都有將夢作為治療的工具。弗洛依德和榮格，這二位描繪人類心靈地圖的傑出天才和探險家，都證實夢對人類有非常重要的價值，夢是我們到達本能、埋藏的記憶及無意識的管道。如果你以前一直在迴避這個領域的事實，現在你也許要說服潛意識，讓它知道你的確重視它的回饋，而且現在你願意傾聽。如果你以尊重、謙卑及接納的方式接近夢，你將會與你的潛意識建立一個有建設性的關係。

2. 在入睡前，積極地下定決心要記住一個夢，你要對任何無意識想呈現給你的事情敞開心胸。如果你現在正為某個問題或議題陷入膠著狀態，請求能作特別針對這件事的夢。

在床邊放一支筆和紙（或錄音機）以及一個手電筒，下決心要寫下你記住的任何片段或夢境，然後去睡覺。如果你在半夜從夢中醒來，也要立刻寫下來。簡單地記下重點，好讓你稍後可以再回來詳細說明。很多人認為他們可以記住一個夢，所以就不記下來，結果第二天發現它已經飛了。

早上醒來時，先不要急著下床或跟任何人說話，直到你已經花些時間回想了你的夢。不要編輯，寫下任何你記得的，包括任何片段。有時候，一個片段就像一條魚的尾巴——如果你緊緊抓

住它，剩下的夢境可能會從水的深處跟出來；即使你不記得剩下的夢境，片段本身經常是洞察力的豐富資源。

如果你有記住夢的困難，那你就要有耐心，千萬不要放棄。有些朋友和我的當事人在紙上或甚至在空中寫下：「我今天晚上要記住一個夢」，而成功克服困難。或者你可以用引導式的想像練習，閉上眼睛，想像你正要去睡覺然後作了一個夢，結果早上醒過來，真的有一個清清楚楚的夢。

3.接著，把你的夢記錄在夢札記裡。參考你記下的筆記，用現在式把夢寫下來，好像它現在正在展開一樣，然後給它一個標題。在一個特別的地方寫下夢境，以顯示它的重要性。發個信息給你的潛意識，讓它知道你很認真地看待它的信息。

寫下你的夢後，花些時間思考它。對不可預期的事要有心理準備；要承認自己的無知。謙卑地接近夢，把突然閃過的判斷放一旁。記住，夢有很多層次的作用，不應該化約到單一的含義。你可能覺得困惑、擾亂不安，甚至抗拒——這些是處理夢的過程中自然的現象。這時候你的工作只是照著夢的影像，讓它們在你身上起作用。榮格在研究了一輩子的夢之後，坦誠夢對他仍然神秘；他覺得沒有信心把自己處理夢的方式稱作一種方法，但他確定對夢的沉思——一次又一次地思考它一段時間，總會有些東西從這沉思中跑出來。

4.開始探索需要在夢中得到的解答，向夢及夢中的人物提出問題，這裡有一些可以對夢提出問題的例子：

- 我在這個夢裡做了什麼或沒做什麼？
- 這個夢裡有什麼重要的行動？
- 這個夢裡有些什麼情緒？
- 夢裡的人物是誰？
- 問題、衝突和未解決的情境是什麼？
- 出現哪些療癒的可能性？
- 這個夢向我提出什麼疑問？
- 什麼影像凸顯出來？
- 每個影像和我有什麼關聯？
- 在這夢裡什麼受到傷害或正在治療？
- 這個夢和其他的夢有關嗎？
- 當我在省思這個夢時，有沒有任何日常生活的情境浮現在腦海？
- 這個夢建議或啟發什麼新的選擇？

以下這些問題的例子可以用來問問出現在你夢中的人：

- 你想要什麼？
- 你要展示什麼給我看？
- 你有沒有什麼信息要給我？
- 你的禮物是什麼？
- 我必須做什麼才能發展和你的關係？
- 你要把我帶去哪裡？

5.尋找連結這個夢和其他夢相關聯的線索。如果你發現自己常夢見相似的主題，詳細閱讀你的夢札記中所有同系列的夢，有可能這系列中較早期的夢已經引出後續的夢要探索的問題了，或者後面的夢提供早期的夢缺少的關鍵性資訊。

6.當你經過這些步驟時，切記，夢從不應該被化約到只有一個涵義。如果你對夢的某個解釋很有信心，也要對其他可能性保持開放的態度。作家兼心理學家詹姆士・希爾曼（James Hillman）很有見解地寫道：「如果我們回想曾對我們很重要的任何一個夢，隨著時間過去以及對它再多點思考，我們會在其中發現更多，它所引出的方向也將更多變化。不管它曾讓無法清楚描述的複雜情境有了多麼明確的轉變，每次對夢的探索都是新的，即使最簡單影像的深度都是高不可測。這種無止境、蘊含性的深度，是夢展現它們的愛的一種方法。」（Hillman, p. 200）

7.其他可以幫助你進一步探索夢的方法：

- 與夢中的人物或影像對話。
- 採納夢中不同人、動物或物體的角色，從那個觀點重新經歷夢。
- 彩繪或描繪這個夢；雕塑出一個夢的影像。
- 把你的夢演出來。
- 在你的想像裡，再回到那個夢，重新作一次那個夢。下面的練習是教你如何再進入你的夢。

練習 3－1

再進入一個夢

當你夢到一個過世的人時，把這個夢寫下來。花幾分鐘回想夢中這個人出現時最重要或最生動的部分。然後閉上雙眼，把自己置身在那個情境，重新進入夢裡，即使在原始的夢裡你沒有注意到任何的味道、聲音或質感，現在用你所有的感官體驗這個地方。看看你的四周，觸摸、聞、聽。繼續用你的感官探索這個環境，直到你感到完全出現在自己體內。這可以讓你從夢的記憶搬移到在當下的現場經歷這個夢境。

下一步，注意這個人的表情、動作及穿著。如果細節看起來模糊，那麼就聚焦，就像你用照相機的鏡頭一樣，把焦點放在那個人的一小部分。當你集中注意這部分時，其他的細節可能會愈來愈清楚，然後把你的焦點擴大到包括整個人。

發展你的內在感官需要時間；剛開始作想像練習時，你可能無法清楚地看到影像。即使沒有蒐集到這個人的任何細節，你還是可以感覺到他或她的存在。要覺察你正在經歷的感受。

若要製造互動的機會，直接接近這個人。你也許想對夢中的人物問一問像 78 頁的問題。

接下來幾天，尋找方式表達你在睡覺時所產生的那些夢影像

（dream image）。例如，當艾娃夢見自己在印度儀式裡為自己證婚之後，我鼓勵她去創造一個以這個夢為基礎的儀式。她得助於兩個朋友，以自己寫的誓約舉辦一個儀式。這些表現反映了承諾給自己有更多愛和更有接納性的人際關係。我的另一個當事人有個很強烈的夢，是和獅子有關，所以便起個靈感買了件印有獅子頭的襯衫。穿這件襯衫帶出他的獅子性格──讓他覺得更有勇氣及精力。這麼一來，夢就是覺醒與更充實生活的一種呼喚。

生死一線牽：超越失落的關係重建

第四章

信：通訊的開始

寫這封信時，我已有一些改變。我覺得莫名的空虛，但同時更開放我對你的愛。你又成為我生活的一部分。

一個工作坊的參與者

讓憂愁說話；不言語的悲傷。在哀痛的心中低語，就要令人心碎。

威廉·莎士比亞（William Shakespeare）

夢見已逝所愛之人使我們吃驚，也給予我們安慰。大部分的人覺得這種夢發生得不太頻繁，而會在清醒時為失去聯繫而深感挫折——好像電話線突然沒有聲音一樣。他們等待又等待有更多的夢，相信夢是聯絡的唯一方法；可是，你可以不必等，用本章及前面幾章的溝通方式，去接近及探索這獨特的關係。你可以按照這些練習呈現的順序，或者挑比較吸引你的做練習，但務必要到你在家中設立的庇靜所來練習你所選擇的活動。

寫信

我們先介紹一個打開溝通的方式，它是最簡單而且抗拒也會最少的一種，即使雙方都還活著時也一樣。寫信讓你有機會反省、選擇、重做、修改；用你所需要的時間去完整地表達自己。

在信的領域裡，你有自由誠實、直接地表達自己，完全不需擔心別人會如何反應。這種坦白將幫助你表達所有被你埋藏起來，或在溝通時沉默下來的任何事情，因此，它能精準地指出你的關係中待解決的關鍵問題。例如，寫下自從所愛的人死後你經歷了什麼？你懷念什麼？你從自己及關係中學到什麼？在你們的關係中你感激與怨恨的是什麼？你想繼續下去的是什麼？如果某些議題在死後開始浮現，或以前這個人還在時不曾被提出的問題開始煩擾你，把這些寫下來。如果是你提起一件從前你想處理的事，你要再定義發生了什麼事，精確描述你對這事的感受，以及你希望如何改變它。寫出這件事如何影響你，以及你現在想要什

麼？請記得，如果你能避免責備、說教或要求，那麼你就會發現溝通變得比較順暢。可是仍然要誠實、真誠地表達你自己，不能逃避或減弱自己真正的感覺，即使它們是令人沮喪的負面感覺。

如果你的第一封信充滿憤怒，不要氣餒，因為對所愛的人瀕臨死亡、以及因他們所引起的創傷和失望，而對他們生氣，是很普遍的情形，因為人總是彼此多多少少的互相影響。在你變得更有同情心、愛心和諒解之前，你可能需要先表達不舒服的感覺、想法及記憶。用一封信要達到這樣的改變也許比較不可能；可能要好幾封信才能達到想要的境地。但是請記住，一旦你開始寫信給所愛的人，你已經開始一個療癒的過程了，而它會以自己的腳步前進。你可以積極參與這個過程，但你不能控制或強迫它。

這裡是你在寫信時可能會問自己一些問題的例子：

- 自從所愛的人死後我曾經有過些什麼經驗？
- 我懷念什麼？
- 我遺憾什麼？
- 我們的關係中還有什麼未解決的問題？
- 我憤怒什麼？
- 我感激什麼？
- 從我自己、我所愛的人，以及我們的關係中，我學到什麼？
- 我想延續下去的是什麼？

寫完信後問自己下面的問題：

- 我開放且誠實了嗎？
- 我表達我的愛和感激了嗎？
- 我提出我們關係中未解決的問題了嗎？
- 我還覺得遺憾嗎？
- 還有一些怨恨在煩擾我嗎？
- 還有沒有話沒說出來的？
- 我覺得寬恕了嗎？我有比較諒解了嗎？

瑪麗安的信

瑪麗安寫這封信給她的弟弟，他在英格蘭上大學時因意外事故死亡：

最親愛的詹姆士：

　　我問你在哪裡？以這風雨的聲音，我感覺你在告訴我問錯問題了；你都在，但不存在任何地方，我問的是假設性問題。我領會到我在抗拒和你說話，我不想讓自己又再次陷入痛苦中，我感覺喉嚨緊繃，頸、肩膀也非常僵硬。它們如實地總結我內心的感覺。

　　我試過很多種方法要接觸到你，但沒有一個清楚的影像，沒有你的聲音，我要看到你的臉就更難了。

真正出現的是一連串的圖片，好像在看我們一起長大的家庭電影剪輯；我無法停止影像的湧出，以便好好地看看單一的「畫面」。我們短暫在一起的生活畫面湧現，然後又消失──只有那麼短暫的一剎那。我希望我能倒帶，讓你看看你對我而言是多麼珍貴。

現在眼淚來了……那些「如果……就好了」是令人如此的痛。

我了解到，我給予自己如此少的空間去感受失去你的悲傷。爸媽是如此的悲傷不已，在這樣的悲痛下，我覺得我應該去陪他們、支持他們，好像沒有一個讓我自己悲傷的地方。在美國沒有人認識你，事實上，爸媽叫我不要回去參加你的喪禮，因為他們不想增加事後要跟我說再見的痛苦。當時我很清楚，我沒有足夠的信心拒絕他們而做我心裡想做的：回家！去跟他們及跟你在一起，去看你可憐的身體，去聽聽在你的葬禮中的話語和歌聲，去把你的小骨灰盒放在我腿上和爸媽一起哭，以及一起在哀慟的家中沉默。

對我而言，最難的是讓自己擺脫我對實際發生在你身上的事所感到的困惑。我知道那是在清早，當時你正在前往工作的路上，你的小貨車故障了，所以你停下來修理。有些司機也停下來，我假定是正試著要幫你。然後一部大貨車開過來，我想像是速度太快而撞上了你，然後沒停下來就繼續往前開，有可能司機

根本從不知道他做了什麼。我知道他們從來沒找到那名司機；那一直是件讓人覺得沒有了結的事。

其他人看到他撞了你。開始時，我試著一遍又一遍地想像事故現場，這幾乎像是我在強迫讓事實進入我的身體，這樣我才能體會所發生的一切。我有好多沒有回答的問題：你當場死亡嗎？那時你的身體怎麼了？是毀損得很嚴重嗎？有沒有很痛苦？而就死亡本身而言：你是自在地走了嗎？或者你陷在不知道自己到底是生或死的疑惑中呢？

我知道你和媽媽在一起，因為她感覺到，也聽到你安慰她。這對我們都有幫助，我想。還有很多我不清楚的，而且仍然無法和爸媽說起的。這也許是我要自己去探索的。我要看看我能不能讓自己放下，或者我真的要再造當時發生的情形，才能讓事情有個結束。

那麼現在經過這些年，我要寫些什麼給你呢？我甚至不記得你死亡的日子。我想是一九八〇年十月十日吧。那年聖海倫斯山（Mount Saint Helens）爆發。我深深記得那灰煙瀰漫的景象；那是個灰色的深秋、灰色的初冬，當時籠罩的濃濃煙霧著實令人無法望穿。

有時我在夢裡鮮明地看到你，好像你的死才真的是一場夢，而當我醒來後我可以打電話給你，然後我們會有說有笑，好像時間還停留在最後一次我們見面時。

我們倆讀寄宿學校，然後上大學，因此我們真正在一起的時間很少——我們的文化也不是那麼鼓勵熱情，不是嗎？然而，我珍惜我們最後幾次見面時那種甜蜜的愛的連結，我心裡知道你也有同樣的關心和愛。無法再抱你，以及透過身體表達那份愛，這讓我的心仍然覺得痛。

我確信你是以某種方式和我在一起。我有時候想，我可以感受到你在鼓勵我對生活所做的這些改變——上學，和G創造一個美好的關係，讓生活振奮起來，鼓勵自己從邊緣轉移到新的地方。

選這門課和寫這封信推著我真正去感受你的存在。當我在寫這封信時，我可以感覺到一些小改變，好像我正在釋放緊握在記憶中的痛，允許自己挪出一些空間來建立我們的新關係。有點小恐慌上來了，「可是我不想忘記，這些痛幫助我記得。」答案來了，「放下舊痛吧！它阻礙了開啟你最深層的創造性感覺。是會有些感傷和眼淚，但是，只有在你允許光進來時，熱情才能成長。釋放你緊握的拳頭，放下吧！」

詹姆士，陪我一起放下你。這聽起來有點瘋狂，但是我知道如果我能釋放害怕失去你的感覺，我便可以更清楚地感覺你在生活中的存在。在實體的層面，我已經失去了你，你已經走了。但是，我開始了解其

他類型存在的事實——用能量、知覺和感覺的強度，我知道你在那裡。

　　現在，過了幾天之後，我回頭看看一些我所寫下的東西。第一個跑上來的感覺是我很驚訝我還是如此深深地愛你。如此的生動，如此的真實，伴隨在這感覺裡的是些許的害羞。我知道還有很多關於你和你的生活是我永遠不會知道的，我知道你在牛津的朋友比我更接近成年的你。某部分的我讓我覺得，我的親密感和愛幾乎讓人覺得有點冒失。

　　自從你死後，我們家改變了很多，我想那是因為你的死。現在我們是親近而傾聽的，我們珍惜在一起的時間，用心來談論很多事。我們現在更愛彼此——公開的愛。要宣稱及表達對彼此的愛竟要付出如此大的代價，但也因為那個代價，我們是多麼用心地投入，使我們為這個連結感到光榮。從某個角度，是「你」在我們身上激發我們對彼此愛的能量。

　　我抗拒停下筆，害怕好像一停筆就會中斷和你的聯繫一樣，但是我知道現在我可以這麼做了，我知道這個痛是可以忍受的了。藉著公開出來，負荷就減輕了；釋放了你，也釋放了我。

　　所以謝謝你和我在一起，謝謝你愛的靈魂。

就像很多寫信給已逝所愛的人一樣，瑪麗安在寫信時也經歷

了悲傷的顯著改變。剛開始時，她抗拒寫信，因為她知道如此做會重新打開她的痛。但當她下決心進行時，記憶開始浮現——她的弟弟、他們的關係、關於他死亡的記憶；她明白，有關他死亡的未解問題阻礙她從悲傷中康復。當所愛的人意外死亡時，不能在場的人經常會被可能的情節糾纏著。我常常建議當事人做積極的想像練習，就像第二章的練習2－1「與瀕死者進行內在溝通」，以便參與死亡的過程及說再見。

當瑪麗安探索弟弟死亡那天可能發生的情形時，她對自己的疼痛開放，她的悲傷開始湧現，而她的心也自己打開了；也只有在那時候，她才能體驗對詹姆士深深的愛。她明白，她仍可以感覺他在她的生活裡——「用能量、知覺和感覺的強度」。這封信到此，瑪麗安感受到一個改變的產生：釋放了她痛苦的記憶，便能挪出空間和詹姆士建立新的關係。她不再被失落糾纏著，現在她看到一些因為他的死亡而產生的正向改變——例如，家人更親近，對彼此也更開放。

在開始提筆寫信時，瑪麗安並沒有感覺到與詹姆士的連結，但是到了信的結束時，它變得如此強烈，以致她發現事實上很難停筆。她知道現在她可以承受這個痛，體驗它，然後放下它。她還發現可以和弟弟有個新關係，一個充滿愛和感激的關係。在寫這封信時，瑪麗安覺得她已經釋放了詹姆士和自己。

亨利‧諾溫在他的《追思》一書中寫到他母親：「在哀悼的這幾星期，她在我心裡一天天死去，使我無法緊捉著她就是我的媽媽。然而，讓她走後我並沒有失去她；相反地，我發現她比以

前更接近我。」（Nouwen, p. 60）

艾咪的信

工作坊的參與者艾咪寫信給她的父親，他在八年前去世。好幾次試著開始寫信後，她知道自己在逃避關係中比較困難的部分。一旦她公開她的怨恨和遺憾之後，信便開始寫得流暢起來。

親愛的爸爸：

自從您死後我的生活發生了很多事（在第一年左右，我常有個想法：「嘿，我要打個電話給老爸！」），雖然您可能不了解我現在的某些情況，我相信您會很高興我成長那麼多，我終於走在自己選擇的路，而且對自己的選擇充滿熱誠。

可是，先讓我說一點有關您死的時候的事。我真的很感恩最後那幾個月能和您在一起，我們能以前所未有的方式了解彼此，我覺得事實上您好像以我為傲，您終於能看到我在工作。您認為我是一個有責任感、有能力的人，而且一如您認為的那樣聰明！我看到您比從前我正在長大時更老成，您更溫和、更慈愛、更有包容性，也比較容易相處。我真的很享受和您在一起——那些我們能在一起的時候。我很高興發現經過那麼多年的互相爭吵之後，我們事實上有那麼

多的相互認同。看到您對我以及我「長成的樣子」感到滿意，我感覺好高興。

我已經開始寫這封信的片段好幾次了，我了解我在猶豫要不要詳細敘述每件事。無論如何，我現在想說目前我想對您老實說，就跟我對別人一樣──誠實而沒有責備或罪惡感。我們倆之間已經過了許多的憤怒、創傷和困惑，現在我感覺到的是寬恕──為您及為我。從那個起點開始，除了和您在一起外，我什麼也不想做，同時我明白我是多麼愛您，而您也愛我。

正如我很崇拜媽咪，也感覺與她非常親近，我現在明瞭您比任何人對我有更多的影響……比我以前知道的多出好多好多，但我現在才了解到。不管我是在叛逆或試著贏得您的贊同（在孩童時代這對我是有點不可能），不管我是在模倣您和學習您教我的很多有用的東西，或是拒絕把您當楷模，或試著傷害您或不管是什麼……您是艾咪成長的種子。我想既然您已經離開了，我已經一層層地揭開表層而終於找到我自己的本質了，就好像我自己現在可以重新創造與您的關係，而不是以反彈來回應您。

我想這也許很簡單：您一直是愛我的，但從來沒有想過要告訴我，或向我保證──您就是那個樣子。

我有沒有一些遺憾？有。我後悔我做了那些傷害您的事。我後悔最後那個晚上沒有向您吻別，我怕我

會把您吵醒讓您又發作，可是我希望我當時做了。而且我希望您死後我能來看您的遺體，我不知道為什麼……那是一件我想做、但又說服自己不去做的事。我現在試著不再阻止自己去做我想做的事了。

我有沒有怨恨？有。因為也許您有什麼壓力，或許是您小時候沒有得到很多無條件的愛，您對我真的很嚴格，我怨恨這個。您總是用我還沒展現我的潛能來提醒我我不夠好；您常常不贊成我；當我真正需要的是一些理解時，您卻說我是「搞混了的小女生」；您給我太多打擊；當我需要溫柔時，您卻粗魯地對我；您不尊重我的感覺；您批評我；關於性，您使我惶恐而不是教育我；您想保護我，但卻讓我因此而對所有您保護我的事都變得非常脆弱；您從來不說我漂亮。爸，這花了我好多時間去克服我的羞愧感，以及終於重新找回我的自尊。但我並沒有，而且以後也不會因此而浪費生命去責備您或我自己。我猶豫去說我原諒您，因為這聽起來好像我對您為我所做的沒有感恩心，我終於明白這兩件事是不相關的，您做了真的是為我好的事，也做了一些真的傷了我的事，而我自己認為那很嚴重。我感謝您為我所做的，我也寬恕您為我做那些不慈愛的事；我也寬恕我自己，希望您也一樣能寬恕我。

既然那些困難和醜陋的部分已經公開了，也許現

在我可以說我愛您的地方以及我的願望，好嗎？您很帥，老爸，您的身材一直很好！所以很多人愛您。您很勤奮工作，確保我們有很多東西可吃、有衣服可穿。我知道您愛我們，您愛媽咪，您盡最大的可能把它表示出來。您照顧您的兄弟、您的媽媽，甚至為您工作的人，您可能為別人做很多事，可是從來沒告訴別人。從很多方面看，您是一個非常慷慨的人。我希望我能有足夠的信心去和您像朋友一樣的談話，那樣您會跟我談比較多個人的事嗎？您會分享戰爭時候的事嗎？或者您會永遠把它保留給自己，像奶奶到現在還做的那樣？您有沒有話想跟我說而還沒說的？您現在會說出來嗎？

您知道您死的時候，他們在公眾場地為您降半旗了嗎？那真是不可思議。您為那個小鎮做好多事；您的生意從無開始建立，到變得很大；您讓媽媽在經濟上有安全感。爸，謝謝您所做的這一切。

我想拜託您一件事。有時我會想起我是小女孩時的那種感覺，在那時候我想要的就是讓老爸抱著，說我就是那麼漂亮和那麼棒，以及聽您說您愛我。我們偶爾再做一次可以嗎？您什麼都不用說，只要抱著我，我就會知道了，而且您也會知道我愛您，行嗎？謝謝，老爸，我愛您，我想您。

艾咪從向父親報告她最近的生活狀況作為信的開始,然後回憶和他在一起的最後幾個月,以及表達感激他們在一起的那些時間。就在這點,艾咪承認她還有其他對父親的感覺,那些比較難表達的;她承諾要對父親誠實,但沒有責備的意思。透過那句強而有力的話「你是艾咪成長的種子」,艾咪承認父親比任何人對她都有更強的影響力,也因此,他的批評和壓抑愛的表達,對她的自尊有毀壞性的影響。一旦艾咪溝通她的遺憾和怨恨後,她覺得準備好要寬恕她父親和她自己;只有在那時候,她才能承認他對她的生命、家庭及社區的所有正面的影響。在信的末尾,艾咪覺得她是如此接近父親,所以要求他偶爾再以老爸的身分抱她。很多失去父母的成人對我說:「我只要我媽咪!我只要我老爸!」

莎拉特的信

莎拉特的第一個朋友死亡對她的生命有很深遠的影響,他死亡時她只有十八歲,她發誓她將不再談戀愛。她因為朋友生命結束之後,自己的生命卻仍繼續存在而感到有罪惡感,所以把她未來的夢想放一旁。當她寫這封信時,已從「十三年的黑暗」中掙脫出來,也能夠表達那失落是多麼地摧殘著她,以及這個友誼對她有多大的意義。

親愛的多尼:

我有沒有跟你提過郝迪‧都迪?我家住在德州,

我想我那時候差不多七歲。你知道我媽媽，就像她的媽媽一樣，不允許我和其他小孩玩。所以，我變成一個孤獨的小孩。郝迪‧都迪是我的朋友。但是有一天我母親粉碎這份愛，她告訴我他不是一個真的男孩；他是一個人從布簾後面用一根棍子拉繩子移動的傀儡。我唯一的朋友不是真的，我被輾碎了！

幾個月之後，我們相遇。他們告訴我你從花園裡摘花給我。我不記得那件事，但我能記住與你在一起的快樂。我唯一的朋友！你喜歡我，也覺得我可以愛。那是我第一次覺得可以在男性前面而不用害怕被打。我瘦骨如柴的腳在小女生裙端以下是赤裸的，但那沒什麼不體面的，我覺得和你在一起很自在。我能記得那微笑從你開始傳到我的內心深處、我的靈魂，然後到我的心，再回到你。你是不是也有同樣的感覺？那些花是深紅色，枝葉是深暗綠色嗎？

你死的時候我們十八歲，我發誓我將不再戀愛。我當時不會知道這個誓言對我的生命將會有很大的影響。失去你的痛是如此的巨大，拋掉這個痛的罪惡感一樣令人無法忍受。我沒有任何幫助，加上我可能太虛弱，以及情緒上未成熟到能夠接受它，我的解答就是把自己封閉起來，不再戀愛及冒險，不再有罪惡感，也不再有悲傷。我稱那段期間是我黑暗的十三年。

我有這個想像時你在那兒嗎？我看到你一隻腳撐

著下巴坐著，跟你以前一樣。然後我再次造訪癌症的痛，那是第一次我有如此巨大的恐懼。你那時是不是跟我一樣對這個痛感到驚恐？我開始有點想吐。你看起來很恐怖，你還在成長中的青少年身體已經萎縮成醜怪的樣子。但在照顧你的時候我又如何能對此回應呢？我花了很長的時間去感受死亡對你所產生的痛、恐懼和摧殘；我花了更長的時間去了解那個摧殘對我的影響。

下一部分的想像更神秘。你的身體變形成亮綠和黃的來世顏色，它慢慢變成一個胎兒，好漂亮！這個想像真是一個美妙的禮物。從那時開始，我知道有死後的生命。

去年五月，我在清理房子，聽瓊‧伯茲（Joan Baez）和雷歐那‧柯恩（Leonard Cohen）的歌。我最喜歡的歌中，有一首歌說到看見一個人的真愛，當我聽到最後一行「死亡結束他的成長」時，我正站在一張大椅子旁。突然間，我倚著椅子，我的心穿刺著失去你的悲傷。那時從心裡跑出這樣的話：「我根本不知道。」你是我的第一個愛，但我始終不知道，直到那個時候。我的父母從不讓我知道什麼對我是重要的。最近我開始知道我是誰，我的感覺是什麼，和需要的是什麼。這些「知道」提醒我，我的悲傷以及我仍然多麼想念你。

我現在在學校。幾個星期前我夢見你，我告訴你我將取得博士學位，然後我感到一股劇烈的罪惡感。記得那最後的夏天，當我們待在一個小湖邊的那天嗎？雪倫、你和我都坐著聊天，雪倫分享她未來的夢想，然後是我，在和我同樣年紀的小孩面前，我表達自己想完成大學教育的慾望。你說：「我只想活下去。」然後，你游泳離開我們。那感覺很不好，你原諒我了嗎？我怎麼能這麼不敏感？我的罪惡感將我逐出我想為自己做些事的希望。當你被生命否定的時候，我怎能要求有教育的尊榮？現在，經過這麼多年之後，我將取得博士學位，我想應該是原諒自己的時候了。

你曾是我未來的希望，你是我第一個朋友。如果不是你，我不認為我能找到我的丈夫。我仍然思念你，有時候我也仍然生氣你走了。現在你開始在夢中幫助我，對此，我很感激。

寫這封沉痛的信幫助莎拉特，在多年的痛苦悲傷之後，能和多尼建立新關係。不再因為自己做了些事而感到罪惡，莎拉特現在能驕傲地和多尼分享她學業上的成就，和接受他在夢中給她的幫助。

寫回應信

　　當然，你寫信的對象永遠不會讀你的信，也永遠不會真的有回應；但藉著你的想像和打開自己所壓抑的事實，內在溝通技巧能讓你架構對真誠通信的回應。

　　我們來看看一封給所愛之人的信，以及在寫信者的想像中浮現的回應。跟很多女性一樣，蕾和父親關係疏遠。當她是年輕女孩時，她渴望父親的認可和鼓勵，是那種實際外在表露出來的愛。後來，當她一小時又一小時地在醫院陪伴瀕死的父親時，她珍惜他們親密的時刻。她輕撫父親的頭，握著他的手；他們一起哭泣及交談。他死後，她悲傷的不只是為失去父親，也是為失去親密的新機會。父親死後一年多，蕾寫了一封令人感嘆不已的信給父親，表達她的悲傷與失望：

　　　　開車經過綠色山丘到醫院的路上，我抑制眼淚，告訴自己在春天時和死亡會面會比較容易一點，我周圍的世界會為生命優美的清唱。我告訴自己，當您隨著生命之舞一掃而過繼續前行時，春天就足夠擁抱我。「羊群已開始生小羊」，我說，試著要在您的病床旁帶來一些喜悅的訊息。您緊緊扣住我的手，您的臉比我所見過的更白晰，我們讓眼淚溫和地流下來，為您將永遠看不到冬天田野裡的小羊，以及未來將沒

有您的春天一起哭泣。

　　爸爸，現在當我想碰觸您時，我的心很痛。我整個人變成疼痛的悲傷，我現在坐在加州的這個房間，離您以前所知道的任何地方有半個地球遠，令人覺得奇怪的空洞。我閉上眼睛看到您，虛弱而易受傷，您已脫去嚴肅的驕傲。爸爸，我多麼盼望在死亡凝視您之前，您就溫和地對我。我期望我們能時常為生活中簡單的悲傷事情一起哭泣。

　　既然已經完全沒什麼好防衛或隱藏的，我們能談談嗎？既然您已沒什麼好損失的了，我們能不能親近且真誠？爸爸，即使到現在我還是在等待，就跟以往一樣，一直等待您告訴我一些關於您自己的事。

　　我記得在早餐時候（媽咪早已開始她忙碌的一天），您隔著桌子坐在我的對面，從我頭頂看出窗外，沉默地吃著早餐。爸爸，為什麼您從不跟我說話？為什麼我是如此隱形、如此不相關、如此讓您失望？

　　我們彼此的結是哪裡糾纏住了？我想不起來。大部分我能記得的就只是痛。那次貝斯死時，我看到您在池塘邊的沼澤哭泣。我知道您愛那小馬，可是當我從就讀的大學打電話給您說：「爸爸，拜託、拜託，今年的冬天把她帶到這裡。她老到無法忍受外面的冬天。」「無聊，」您說，「她很好。」為什麼對您而

言承認動物、孩子和人需要愛是這麼困難？

在這封信中，蕾問了兩個重要的問題，我經常在工作坊參與者開始寫對話前，讀好多次給他們聽：「既然現在已完全沒什麼好防衛或隱藏的，我們能談談嗎？既然你已沒有什麼好損失了，我們能不能親近且真誠？」當我們提醒自己關係已經改變，舊的防衛已不再需要，那我們就可以用這個機會去突破舊的相處模式。

這個對話事實上確實提供機會，讓蕾和父親從心底溝通他們關係中痛苦的議題。在寫她父親的回答時，蕾看透父親在他們關係中忽視和傷人的理由，而以前她未能看到這些。在回答她的問題：「為什麼對你而言承認……人需要愛是這麼困難？」她父親的回答產生這樣尖銳的話：

「因為，」她用他的語氣寫著，「那麼我也必須承認我需要愛。如果我不被愛呢？如果沒有人愛我呢？這會是多麼令人難以承受！」

蕾立即用問題回應，很自然地展開他們之間積極的對話：

蕾：那就是為什麼每次我們單獨在車裡時，您會對我
　　說那些殘忍的話的原因嗎？「沒有人喜歡你，」
　　您會這麼說。您為什麼要說這麼傷人的話？

父親：因為你不是我想要的那種小孩，妳太野，太情
　　　緒化，對外界太率直。我無法向別人炫耀你，
　　　你沒有優雅的容貌，你太幼稚，太容易受傷

害。你讓我恨你。

蕾：怎麼說？

父親：你不夠快樂。

蕾：對，我記得差不多七歲時您對我咆哮：「你到底怎麼了？你為什麼不像其他小孩一樣發亮。」我會在我房間裡坐上好幾個小時，在鏡裡研究自己的臉，好奇為什麼我不發亮。爸爸，我如何為您發亮？我不知道怎麼做。您難道看不出來內在的燈光無法透過可以淹沒人的傷心、永遠不夠好的屈辱，和一些我無法叫出名字的痛而發亮嗎？我能做的就是戰戰兢兢，閃避打擊，足夠的隱遁以便長大離家。爸爸，有時候我很想知道，您現在能看到我在撬開這恐怖的遺產，成為連我自己都不敢夢想的人嗎？

在讀過父親的回應後數個月，蕾更清楚她父親拒絕她，是因為他無法忍受他自己的情緒需要。他的一生都試著在假裝正常人不需要愛；即使這樣，他在瀕死時變得容易受傷、情緒化，直率而沒有修飾。蕾描述這個時候的他「漂亮，令人難過的笨拙，可悲的像那個他一直覺得很難去愛的小孩」。蕾與父親的通信是她與父親關係的突破。藉著問父親困難而痛苦的問題，她誘出他充滿想法且誠實的回應。在這個第一次對話結束時，她已發展出對父親的同情和了解。她最後的問題：「爸爸，有時候我很想知

道，你現在能看到我在撬開這恐怖的遺產，成為連我自己都不敢夢想的人嗎？」這帶來第一個對話的結束，但也開啟下一個對話的新主題。她現在好像已經準備好讓父親知道她成為什麼樣的女人了。

在寫你的回應時，首先確定你在信裡已真誠表達了你的關切。然後，在另一張紙和另一個庇靜時間，用「收信者」的語氣撰寫回答。這可以用簡短回答的形式，一封信或一個對話的方式進行，這個技巧在下一章會討論。如果你寫信，署名給你自己，然後不帶評判或修飾地開始寫。如果要釋放想像力和培養同理心，你可以閉上眼睛，一面想像那個人的臉，一面用那個人會叫你名字的方式默念或出聲地叫你自己的名字；你也可以集中在一句喜歡的話或仔細看著那個人的照片。這些都可以讓你在開始寫信時，覺得這個人比較接近你。寫了幾段之後，你會和其他人一樣地發現，話語不斷地湧出，信所表達的會比較像是那個家人的想法和感覺，而不是你的，想像的能力使你同時站在你自己這邊及他人那邊，這可能讓人覺得困惑及不安，但也是一種解放。你寫完信後，再讀一遍，讓自己對它的內容敞開心胸。

第五章

對話：讓它們帶著你走

對話是人類的心跳經驗。

璐易斯‧卡布蘭（Louise Kaplan）

一旦你用一封或一些信，以及回應的信來打開溝通管道，和你所愛之人的對話能帶你到更深入以及更多非預期和未知的地方，這個技巧在通信初期就已經挖掘出你想探索的特別議題時尤其有效。

開始你的對話時，首先要有敏感度辨明問題是什麼或關心的議題是什麼，然後表達你對它的感覺——所有這些都寫在紙上，再接著寫上你的名字，然後寫下那個人的名字，打開你的想像去寫他或她回應的話。如果感覺不出什麼反應，你可以問問題幫助對話的開始，讓對話自然地揭開；不要干擾或控制它。對非預期、新訊息和新的相處方式要抱持開放的態度。

看看你親愛的人傳給你的東西或你們一起分享的活動，以喚起那個人的存在，例如，凱蓉每次烤派的時候都感覺她祖母的存在，因為她的祖母從小就教她烤東西。我去參加姪女擔任英國國教執事聖職的任命典禮，我和其他與會的人在吟誦尼西亞信條（Nicene Creed）時，清楚聽到父親的聲音在我旁邊，那聲音好像小時候我們一起上教堂吟誦信條時那樣的沉穩、可靠。這種感受到你親愛的人存在的感覺，能幫助你進入對話的探索，不管是出聲或不出聲。

蘇菲的對話

一般而言，內在溝通方法的有效性並不受距離死亡時間長短的影響。蘇菲在她的父親死後幾乎十年，寫了一個她與父親威廉

的對話。父親生命最後那幾年裏，有過好幾次小中風，嚴重地限制他的行動並傷及視力，蘇菲的母親凱倫在他們的公寓裡全力照顧他三年，但最後她累倒了。那時候，蘇菲說服母親把父親放在安養之家，他在那兒十天後死了。在他死亡的前一天晚上，蘇菲去探望父親，雖然他好像在昏睡狀態，她還是對他說話。在情緒激動下，她告訴他：「我愛你。」第二天，當一個護士打電話報告他的死亡消息時，她感到失去知覺但解脫，因為父親不用再受苦，安排火化後，她冷靜地回到她的生活。

　　數年之後，她才了解到她還是如此地將父親放在心裡和腦海裡，她常常向朋友提到他，珍惜他所愛的書。在她的起居室有個鉛格玻璃門的櫻桃色書架，上面放著他最愛的書。有時候蘇菲想像，父親的靈魂活在書架上破爛的書後面。她寫著：「今天他的靈魂，對我而言，比他生命最後幾個月更有生命力，所以帶著恐懼和希望，我試著和爸爸對話。」看著父親的舊照片，她以一個問題開始對話，很快地她收到一個回答，從那時候開始，對話幾乎像是自動寫出來的。

　　蘇菲：爸，您現在跟我在一起嗎？我有一張畢業後拍
　　　　　的舊照片，您英俊的臉在微笑，您站得好高挺。
　　爸爸：小多，多寶寶。
　　蘇菲：您在這兒！我感覺到了，我最近都感覺到您的
　　　　　存在，我們能說話嗎？我是指真的說話？有時
　　　　　候我覺得您躲在您的機智後面，我懷念您的機

智，可是我比較喜歡我們誠意的交談，只是說話，很自在地和我在一起，我要您知道我愛您。

爸爸：我真的愛您，我猜我從沒用那麼多話說它。話語，多麼空洞；廢話一堆，讓人難以言喻的痛苦。

蘇菲：我們能不能回到九年多前當您剩下最後幾天時？

爸爸：為什麼？我極為痛苦，一段折磨的日子。你很少來看我：「一個不知感恩的孩子比巨蛇的牙齒還銳利。」（引自《李爾王》）

蘇菲：是的，我害怕也無法抵抗。我覺得無助。

爸爸：好吧！那已經過去了。我已從那軀體釋放出來，從那個苦難的塵世釋放出來……。

蘇菲：我們不能改變過去，我想我需要集中在我現在的生活，但我希望您和我能有定期的聯繫，我們能繼續這個對話嗎？

爸爸：當然，我現在是最有時間的！可是你，用心過你的生活，小鬼！

蘇菲：我需要問您，您有沒有什麼想跟我說，是您還活著時來不及說的？

爸爸：多寶寶，我真的愛你。我那時候愛你，我現在還是愛你，雖然以前有那些不愉快的日子和嗜酒的問題——我希望我當時能更直接些，在那時候就說了這些話，也實際表現出來。

蘇菲：我有沒有和您分享過我的感覺？我們倆好像都
　　　躲在我們的機智之後，我不想再躲藏，我要簡
　　　單地跟您說我愛您、我想您，我感覺您活在我
　　　的記憶中。我要花時間來說出這些感覺，從現
　　　在開始⋯⋯。

爸爸：不要執著不放。接下來，你要跟我說你將自動
　　　的寫作及主持一個降靈會──真是無聊！記得
　　　我，可是過你的生活！尋找喜樂，不是悲傷的
　　　事。電話不要掛，我們下次再聯絡。

蘇菲：親愛的老爸！謝謝您的禮物，等下次再聯繫
　　　⋯⋯。

　　在這個對話中，這個父親獨特的溝通風格表現得很清楚。蘇菲並沒有預期會如此，也沒有預期這個對話會進行得這麼容易。她很興奮她終於能突破到與父親有這麼深層及誠實的互動。她表達了她對他的愛，而他直接的愛的表達深深地感動她。

　　蘇菲在寫這封信時所得到的治療效果擴散到她和母親的關係。她的母親凱倫後來很快打電話給她，要求她撥點時間談談瀕死──一個凱倫一直逃避的話題。這個發展讓蘇菲感到驚訝和高興，但那事實上是一個更大過程中的一部分。我們在第三部分會討論到，揭露想像來與過世的人討論被壓抑下來的家庭問題，常常可以澄清與尚存家人的溝通障礙。

艾倫的突破

　　我在新書簽名會上遇見艾倫，她問了當天晚上的最後一個問題：「我被今天晚上在這邊聽到的故事感動，但是它們和我的經驗不同，大部分的人都想和已逝的人有關係，如果你恨你的父母呢？我很痛恨我的父親，所以他死了我反而覺得解脫。我不想跟他有關係。」我接受她的感覺並向她澄清，不是每個人都想這麼做。我又接著說，有些人透過想像或夢的揭露，發現和已逝的人有明顯的關係改變，這種情形並不是不尋常。我們如果不花時間去探索內在關係，怎麼知道關係是不是改變了呢？艾倫很明顯地抗拒這個想法，搖搖頭然後坐下。

　　當我看到艾倫在第二天的「失落之後」工作坊出現時，我感到很訝異。當參與者自我介紹時，艾倫很清楚地表示她不想集中在她父母中的任何一個，她的父親在二十九年前心臟病發死亡，她的母親幾年前過世。這兩個人中，她特別氣她父親，父親對她除了嚴厲、疏遠、沒有愛之外，她無法想像他的任何樣子，她認為如果他現在還在的話，還是會像她小時候那樣忽略她。她分享一個令人心碎的記憶說明父親是如何對她的。大概在她八、九歲時，她和朋友在街上玩，她注意到父親從人行道走過，他大步走過，連點個頭、打個招呼都沒有，他就是忽略她，好像她不存在一樣。

　　艾倫告訴我們，她計畫用這個技巧去探索現在和兩個還健在

的親戚間的一些問題。下午結束前，參與者聚成一個圓圈討論他們對話的經驗。艾倫是第一個說話的，我看到她腿上一疊的紙，她的眼睛燃燒著興奮，嘴角顫抖著情緒，很明顯地，一些意義深遠的事情發生了。她告訴我們，她聽了其他人寫信練習的經驗之後，她決定大膽試一下與父親對話。她對所揭露出來的內容感到震驚。

艾倫從別人那兒聽說父親受到戰爭的摧殘——他的母親被送到奧許維次（Auschwitz）集中營，他的財產被沒收，他曾被埋在達僑（Dachau）集中營，但他逃出集中營和家鄉，在美國重新開始新生活。他累了，也感到困惑，在心碎與身分分裂中掙扎。可是，艾倫從來不明白這些悲劇如何影響他們的關係。她從來不知道他受她「粗暴的舌頭」的威脅，他無法再忍受任何的痛苦，所以他忽略她。他請求她的原諒。

當艾倫再繼續探索，問父親問題時，她發現在所有那些自我保護的背後，她的父親是愛她的，而且很驕傲她能為自己尋找快樂，那是他無法為自己做到的。經過這麼多年的憤怒與怨恨，她很吃驚就在寫這個對話的同時，也能有這麼多的治療功效。她對工作坊中銀邊相框裡那個男人充滿新的愛，他現在在她心裡是一個活的存在，不再只是記憶，而她能允許他及他們的關係成長與改變。

史蒂芬妮與祖母的對話

在已故的祖母冥誕那天，史蒂芬妮和她最親近的祖母寫了一份對話。當她祖母說，她這一生已有過長壽的生命，已經準備好面對死亡了，史蒂芬妮開玩笑地說，她祖母應該先看看她的婚禮再說。史蒂芬妮的祖母在她訂婚後幾個月過世，後來史蒂芬妮搬到祖母的屋子，她寫這對話時祖母已過世四年，她也還住在那兒：

> 史蒂芬妮：奶奶，有件事我一直很想知道——您的生活快樂嗎？長大對我來說好像是很正常的事。
>
> 奶奶：生命中給我最大喜樂的是最簡單的東西——花園裡的花。一間乾淨的屋子。我很喜歡日常生活中慣例的事。
>
> 史蒂芬妮：可是您不會想要更多嗎？
>
> 奶奶：等到你知道我的時候，史蒂芬妮呀！我已過了中年了。別忘了，我年輕的時候也很認真工作，在一間只有一個教室的學校教書，我做了一些旅行、結婚、養大兩個小孩，丈夫也已過世。我看到世界以進步的名義帶來許多改變。所以，沒錯，在某個時候我會想要更多，但後來會有個點讓我明白我已有什麼，並對此投

生死一線牽：超越失落的關係重建

入。我很幸運我和我的兄弟姊妹很親近，有個兒子和女兒，然後有了孫子。這就是我的生活，史蒂芬妮啊，我希望你也一樣，有時候我會擔心你。不要讓你內在的野靈魂遮瞎了眼而看不見你周圍單純的喜悅，生命已經在那兒，不要跑開，要去傾聽它、享受它。

史蒂芬妮：我好想您，奶奶。我懷念您的故事。您是我的過去和我的歷史的連接者。我很遺憾以前沒有好好地聽或把它寫下來。

奶奶：我們都有遺憾，你需要的都在你心中，你知道那基本的，我也許有太多故事！你知道你的家庭樹嗎？一種能讓你和過去連結的東西，這才是重要的。記得：你和你的姊妹們、哥哥、堂／表兄弟姊妹們是活的葉群——這棵樹現在的葉子。有一天你也會掉下來，把空間讓給下一代。現在，接受這棵樹留給你的生命，把它變成你自己的生命。我已經很為你感到驕傲，我知道如果你保持聯繫，好事情就會出現。

史蒂芬妮：奶奶，我覺得我好像無法說出什麼，這不是我期待會發生的，雖然我也真的不知道要期待什麼。

奶奶：跟你一樣，我也沒機會跟你說再見。有一些事我希望說出來，但你也許沒準備好要聽。

史蒂芬妮：這意思是指您要離開我了嗎？也許我不該
如此做，您一路上都有信息給我，您比我
想像的還要堅強。

奶奶：史蒂芬妮，很明顯我現在已經和你記憶中的樣
子不同了，我剛剛跟你說的很重要。我必須跟
你說那些事，我們——你和我——有個不能被
打斷的連結，但是我的目的將到此結束。我一
直在等待，我知道你會回來聽。

史蒂芬妮：（我不再感覺到她在屋內，像我剛搬進來
就一直感覺到的那樣。她走了。）奶奶，
不要走。（我開始哭了。）

一開始，史蒂芬妮對不再感覺到祖母的存在而感到恐慌，她
並沒有意圖要中斷這個連結，這個對話產生的答案和史蒂芬妮所
期待的不同；但史蒂芬妮覺得安慰，奶奶已因此傳遞了她的信
息，最後自在地前行。讓奶奶走，史蒂芬妮也感覺到自己的自
由，一種既興奮又驚嚇的自由。她知道現在要充分地過自己的生
活，像奶奶說的那樣接替家庭樹的生命力。

其他選擇：有聲或無聲的對話

讓你覺得最自然的，將會讓你產生最有效的對話。例如，看
著你所愛之人的照片或只是閉上眼睛。有人覺得大聲說出來或默

默說給自己聽比較舒服，而不是寫下對話。就跟寫一樣，直接開始說，而且盡可能地誠實。不要編輯你所說的——只是說出你認為關係中的事實。很重要的是，你偶爾要停下來聽，你可能會「聽到」一個內在的回應。

瑪麗娜，一個八十二歲的老婦人，在聽到收音機訪問中我談到用想像去接近活在內心裡的父母後，她寫信給我，想和我分享她在想像和父親談話之後的戲劇性突破。她開始時會閉上眼睛默默說話，不到一會兒她就可以聽到父親的回應。用這種方式，經過一系列的對話，她開始哀悼及從喪父的失落中復原。她還是個年輕的女孩時，父親就搬出去，幾年之後他去世，沒有給她和解的機會。他的不在對她的生命有深遠的影響，因為留下她獨自和一個充滿仇恨而嚴屬的母親。父親死後那些年，瑪麗娜變成一個安靜、被動的小孩，最後變成一個遲疑、畏縮的成人。

當瑪麗娜開始靜靜地和父親說話時，她很訝異地發現分離這麼久了，他還是那麼容易就可以接觸到，每次新的對話都讓她感覺與他愈來愈親近。幾個星期後，她感覺在她的意識裡有了巨大的轉變。不再害怕生活後，她變得比較有信心，會想接受冒險，以及與他人有連結。現在她發起數個有創意的活動計畫——寫故事是其中之一。在很短的時間內，瑪麗娜發現，她的生命力和創造力一直被鎖在未解決的悲傷裡。就像她的故事明白顯示出來的，治癒與已逝所愛之人的關係永遠不會太晚——喚醒更充實的生命永遠不會太晚。

開始時，紀拉並沒有感覺準備好和父親單獨談話，她害怕他

會打她，就像他在生前一樣。她和父親的第一個對話是在諮商治療的會期中進行的。她的治療師問問題和給予支持，幫著她讓對話進行下去，紀拉開始大聲地對父親說話，然後給父親回應。當紀拉告訴父親：「我恨您對我所做的」時，她的治療師插入：「你能告訴我他做了什麼嗎？」

> 紀拉：我恨您從沒有為我在那兒過；我恨您是如此不容易接近；我恨我唯一能接觸到您的就是暴力和恐懼；我恨因為您而使得我必須封閉我自己，因為我是如此的怕您。我很高興您已經死了；我很高興您不能再打我了。我常想從此可以不必再害怕您了，但是我仍然害怕。

然後紀拉說出父親的話：「我不希望你再害怕我。」隨著對話的進行，紀拉有時覺得被她強烈的憤怒和不是父親特質的回答所壓倒。在某個點上，她轉向她的治療師說：「我現在真的迷失了，我不知道去哪裡。」治療師幫她探索她對父親的感覺，鼓勵她說出所有令她厭煩的事。也許第一個對話結束時，紀拉已停留在憤怒中夠久了，所以讓了解父親的事可以有些改變。整個對話過程，父親都很認真地在傾聽，且誠實及尊重地回答。紀拉很清楚這已不再是她兒童時期所認識的父親了。紀拉想多知道他一點，所以她轉向她的治療師：「我想我們會成為朋友。」一個星期後，她覺得可以和父親單獨對話。她大聲地把話說出來，然後

把對話錄音下來。後來她謄寫經過情形。

紀拉：爸爸，我想跟您說話，您可不可以來和我一起
　　　坐下？來坐在床旁邊。嗨（他靠牆坐著，腳伸
　　　到我旁邊的床）！我是多麼想您（哭泣）。我
　　　好想您，爸爸。這很怪異……您現在在這裡，
　　　不是嗎？您要跟我說話嗎？我想聽您說話，我
　　　想和您在一起。跟我說話。
父親：我現在只想聽。
紀拉：我有一些以前從來沒說的話要對您說。我對自
　　　己一直充滿那麼多憤怒而感到難過，因為我現
　　　在正在學如何克服憤怒，我覺得難過，因為我
　　　永遠無法克服對您的憤怒。
父親：可是你現在就在做了啊。
紀拉：對啦……我多麼希望您聽到這些，我希望您聽
　　　到我是多麼愛您（哭）。這些年來，我都是如
　　　此憤怒，所有我能告訴您的，只是我有多麼憤
　　　怒，然而我真正想說的是我渴望接近您。當我
　　　是個小女生時，我希望您抱我。我要您和我坐
　　　下來、抱我、撫摸我的頭髮，告訴我有關這世
　　　界的事，幫助我覺得這世界是安全的，我渴望
　　　坐在您結實的大腿上，感覺您大而結實的手環
　　　繞著我，幫助我感覺安全，我要您擁抱我。然

而當您把我推開，當您用您的憤怒和暴力恐嚇我時，那是多麼令人傷痛（哭）。那就是我想要的。我不想改變您，我不想威脅您或傷害您，或和您競爭與贏得勝利。我只想被親近。

父親：讓我們現在親近吧。

紀拉：是的，我多麼想和您如此親近。爸，抱我一下。

父親：我就在這裡。

紀拉：只要抱著我，只要和我在一起（對我自己：讓我感覺這個，讓它進來），我就能感覺到您，爸。我幾乎可以聞到您的味道，我可以感覺您的大手。幫助我治療，爸爸。幫助我感覺是什麼在傷痛，讓我不會一直陷在疼痛裡。只要握著我的手，讓我感覺您的存在，您真的在嗎？是的，我感覺到您了，我要您再近一點，請您再靠近一點。是的，好多了。讓我感覺您，爸爸（哭）。我是多麼想您。

父親：我哪裡也沒去。

紀拉：您是什麼意思，您哪裡也沒去？

父親：我現在可以看到你，你看起來好漂亮。

紀拉：（哭）爸爸，我一直想要您那樣對我說。我要您告訴我您愛我，您為我感到驕傲。我要您告訴我，您尊重我。

父親：我太防衛了。

紀拉：是啊，我渴望看到在所有防衛背後的那個人……那個寫那些情書給媽媽的人。我想要再看到那個人。

父親：我無法做到。

紀拉：為什麼您做不到？那道牆是什麼？

父親：我受傷害太多次。

紀拉：告訴我，爸，是什麼令人受傷。告訴我是什麼傷了您。

父親：我也想被抱，我也想在某個安全的地方，我從沒有安全過。我並不知道那回事（哭）。我不知道為一個人製造安全是可能的。

紀拉：爸，讓我抱您，讓我撫摸您的頭髮，您也可以哭一會兒，我想給您這些，我想把它還給您。媽告訴我這些，她讓我知道如何讓人覺得安全，所以我現在可以把它給您。是的……哭沒有關係，讓所有的痛發洩出來沒有關係。我就為您在這裡，把您的手圍著我，謝謝。您也和我在一起……我現在可以感覺到。我愛您，爸爸。我多麼的愛您，我只想和您在這裡休息一下。我愛您，爸爸。我希望我可以永遠像這樣的感覺到您。

父親：只要你需要我，我都會和你在一起。

紀拉：這有點好玩，我同時覺得我多麼的想念您，又

覺得您就是在這裡，我要說再見了，我們下次
再聊。我愛您。

　　用內在溝通的技巧，你可以對已逝的人大聲說話或不出聲的
默談，因此透過想像和他們聯繫。有的人會覺得，說話時比較自
在或不受拘束，他們大部分會覺得這個選擇比較有傳達力，讓他
們的對話可以自然地湧出。如果你想以後回顧所發生的經過情
形，可以錄音起來，然後謄寫你們的對話。

自然發生的對話

　　有時候，透過想像而來的互動機會是非預期地產生。我的一
個朋友在睡夢中被一句話搖醒：「早安，璐易斯。」她吃了一
驚，不敢相信她所聽到的，因為毫無疑問那是她父親的聲音。突
然起雞皮疙瘩的她，才了解那天是她父親逝世的第一個週年紀念
日，雖然在那次令人吃驚的經驗之後，她沒有再聽過父親的聲
音，不過璐易斯經常跟父親說話，因為她擔心如果遲疑，她會失
去和他聯繫的寶貴機會。璐易斯讓她的父親知道她有多想他。她
向父親報告自從他死後她的生活狀況，並向他確信她的母親很
好，很快就會和他在一起。當她結束時，她充滿了一種深層的平
靜感。

　　我的一個當事人跟我分享另一個與過世所愛的人非預期但有
意義的對話。珍妮在丈夫死後的第一個週年紀念日時，強烈地覺

得要去丈夫的墳墓。當她到了墓地靜靜地站著深思她的失落時，一個和丈夫的對話在她的想像裡開始——這令她非常驚訝。她出聲對詹姆士說話，並且清楚地在腦海裡聽到他的回應。他們倆討論女兒克萊爾即將來臨的婚姻，詹姆士活著時強烈地反對這椿婚姻，現在郤想獻上他的祝福。

珍妮對這經驗相當吃驚，她從沒有過這樣的經驗。雖然她不能理性地解釋這個互動，但她很確信剛剛確實是在和詹姆士說話。第二天，她給克萊爾一張字條描述她在墓園的經驗。她附一張支票幫忙支付這場現在她和詹姆士都完全支持的婚禮費用，克萊爾深深地感動她終於得到父親的同意與祝福。

就像珍妮發現站在丈夫的墓地可以激發和他的對話，同樣地，蓓姬坐在母親的床就能促動她和已逝母親的對話——好像這是這世上最自然的事。她的母親和阿姨，兩個她最後在世的親戚，都在車禍中死亡，當時這對蓓姬而言是無法忍受的失落。在那個車禍後十一個月她寫信給我，描述她和母親的談話讓她得到好多的安慰，讓她在悲傷中發現笑的空間。

在母親和佩姬阿姨死後的第一個月，我到一哩外她們住的房子，家中的東西應該要被清理掉……但更重要的，她們的家是我的庇靜所。

我坐在母親的床邊，跟她說話、對她哭泣、向她求助。陷入深思後，我開始感到平靜。我自己忙碌地整理所有東西，從她非常喜愛的「東西」中得到安

慰。現實總是在下午三點又回來，因為我的孩子從學校回來需要他們的母親；他們自己也在處理失去外婆和姨婆的悲傷。

放棄我長大的家、放下母親和女兒的具體關係、悲劇的恐怖及失落的悲傷，在這種種過程中，我從沒停止和我母親說話，不管是我在腦海裡允許自己漂流到另一個世界，或坐在床邊把我的話大聲地說出來。

在過去的幾個月我都感覺到母親的存在，即使我不能碰到她，或讓她把手臂圍著我，跟我說一切都會沒事。

我發現，我媽媽的智慧在引導我度過困難的抉擇，我還發現母親的精髓，對女兒的愛，以及在悲劇和勝利都可以讓人看到笑容和笑聲的人生哲學。我可以聽到她的聲音及她的音調鼓勵我在眼淚中微笑。她的食指向我揮動，一面告訴我：「賣掉那該死的房子……我從沒喜歡它。」我們一起笑，然後我們在夢中說話。

我發現母親永遠是我的母親，不管是在世或過世之後……不是透過我們在世上一起生活的記憶，而是藉著打開我心靈的視窗到精神世界。我聽到一句我媽媽以前對我說的，但我只聽到一半的話：「天堂和世上有更多……」小時候我就應該更仔細地聽。她又再揮動那隻手指──現在在眼淚中，我笑了。

曾經一起分享的活動能突然產生非預期的對話。有好幾年朱迪‧亞緒里每星期幫母親捲頭髮，她沒有信心葬儀社的人能做到她母親喜歡的樣子。拿著燙髮鉗、梳子和髮捲滾筒，她到躺在殯儀館鋼桌上母親的身體前。她的頭髮「又直又硬像老稻草掃把一樣」，朱迪知道她眼前有個大工程，她開始梳著母親的頭髮。

> 　　在他（葬儀社的人）離開後，我開始和媽媽說話，畢竟每次我幫她作頭髮時，我們總是說話，我不覺得那有什麼不對。我告訴她，她的頭髮很亂。我告訴她，如果她看到一定會死掉，然後我開始笑……。
>
> 　　我邊工作邊說話，有時擔心葬儀社的人會看到我和屍體說話。一會兒之後，那兒只有我和媽媽，有些時候我確定我聽到她的聲音。時間過得很快，就像舊日時光一樣。（Ashley, pp. 29-30）

　　這些故事強調當對話的機會非預期地出現時，把疑惑和猶豫放一旁的重要。璐易斯、珍妮和蓓姬感謝她們能夠願意僅在一個剎那的告示下，和他們所愛的人對話——就是這些對話使她們吃驚及給她們靈感。朱迪覺得在幫她過世的母親捲頭髮時，一面說話是自然而令人心慰的，她唯一關心的是萬一被葬儀社的人看到她在做什麼時的反應。

　　你永遠無法知道溝通的機會什麼時候會出現——睡醒的時候、在做你們曾經一起做的事時，或站在墓地時。即使你可能覺

得陷在沒有提防或自我意識裡，捉住這珍貴的聯繫機會。

創作一本記憶書

肯‧克雷莫爾（Ken Kramer）是聖荷西州立大學的宗教學老師，創造了一本紀念父親洛伊的書。當父親在醫院時，肯帶著筆記本開始寫作。當父親睡覺時，他寫詩給父親，反省他們的關係、他的感激和遺憾。在洛伊死後不久及儀式結束後，肯把這些詩、還有槍和機械的照片，以及畫報影印集結成冊，他在綠色封面紙上貼上有洛伊笑容的照片。最後，肯打上「老骨董」的字，這是洛伊親近的朋友用來形容死黨的名稱。

肯強烈地覺得創作這本書幫助他哀悼及療癒。當他完成這本書，寄送給朋友和家人時，他覺得比以前更親近父親。事實上，肯和父親有相當疏遠的關係，這兩個人很少有共同的興趣，也不太有話聊。讓肯非常高興的是，死亡打開他和父親新的親密對話，就像肯在書的結尾時所呈現的對話：

S：爸……

F：什麼事，肯尼斯？（這就是他會說的方式，我好
　　像聽到他正在說話！）

S：我愛您，爸，甚至更多，雖然您現在不在這兒。
　　您一定感覺到了，有沒有？

F：比較容易了，現在。

S：現在？您在哪裡？

F：我不知道，但我想我可以知道。

S：我可以想像您，爸，你還是要自己一個人的，雖然您旁邊有其他人，有些人甚至是您認識的。

F：（笑）。

S：爸，我正在收集資料做一本名叫「死亡書」的書來紀念您（像我做給女孩子們的生日書那樣），記得那些生日書嗎？

F：是哦……

S：有沒有什麼東西是您特別希望我放在裡面的，那些您特別驕傲的？

F：（停了一下）肯尼斯，你知道那個老……（停頓）你知道！它在車庫裡，那個怎麼樣？

受到這個對話的提示，肯去車庫，他看到一本小剪貼簿插放在一本大的剪貼簿裡。他以前從沒看過這本書，裡面都是有關死亡的剪報。身為大學裡「死亡與瀕死」課程的教授，肯明白他繼承了父親對死亡的迷惑，他以前從沒想過這個興趣和父親有任何相關。然後他又回到他的對話。

S：爸，這太棒了。您的剪貼簿，這是個寶。現在我知道我記筆記和日誌的習慣從哪裡來了。現在我發現我從未、從未發現您的另一面——您對死亡

資訊的偏好。

寫完這份對話，肯作了一個重要的夢。他在吃早餐時，父親走進房間坐在他的腿上。然後父親站起來，走一圈到椅子另一邊，然後再坐到兒子腿上，這次他深深地看著肯的眼睛，在他的唇上親吻。肯被他父親非特質性的愛的表達深深地感動。這個夢向肯確認，自從父親洛伊死後，他和父親的關係的確有深遠的改變。他的父親死後的幾星期，肯告訴我，透過他所創作的那本書所引發的對話，持續在他的日常生活中進行。當肯看到父親的照片時，他常常落入和父親自然發生的對話。我們在喝茶會面時，肯好幾次深愛地對他父親說：「您教我那些的，爸！」及「您聽到沒有，爸。」

用內在溝通的技巧匯集你自己的記憶書，寫信、詩和對話給你所愛的人。如果你感覺到這個人的回應，也寫下來。邀請家裡其他人也貢獻一些，你可以放一些照片、舊信，及葬禮中引用的經文。題獻詞以及為你的書取名，創作封面，然後複印。如果你要分享你的書，寄給你的朋友及家人。

當你用想像去創造與過世所愛之人的對話時，可以讓你的內在關係有生命力及更豐富。這些對話激勵起進一步的親密、滿足心靈的會話——是給予你自己及他人最內心深處的想法與感覺的會話。

第六章

透過心像的聯繫

是在腦海中的影像，讓我們和失落的寶藏連結；
但是，是失落，形塑那個影像，採集了花卉，
編織成花環。

柯蕾（Colette）

寫信及和已逝所愛的人談話可能已帶來這個人的影像（images）。在這章，我將給予指引以喚起你的想像，刻意地用這些影像去聯繫那個已逝之人的內在存在。多練習，你將能確實地看到、聽到以及觸摸到你所愛的人。很多我的當事人告訴我：「我覺得我真的和他在一起，他是如此真實，我可以伸手碰觸到他。」

　　心像（imagery），一種原始的語言，也許是我們感受外界的第一個工具，雖然我們可能沒有察覺，但是我們一直用心像在思考，如果好好培養的話，心像是治療的一種強效工具。我喜歡把影像想成是一種活的存在而不是圖片。當我們沉浸在心像裡——就像我們作夢時一樣，影像使我們吃驚、慌恐及著迷；它們捉住我們的心，凝聚我們的注意力，有時甚至使我們大為驚訝。只有在我們從夢中醒過來，回頭看時，夢的影像才比較像圖片。下面的建議和練習是要幫助你監視影像的範疇，讓你可以把自己沉浸在裡面。

　　進到你的庇靜所，花點時間定下來，沉靜你的心，然後閉上眼睛。如果想要「快速進入狀況」的話，可以集中在一個圖像上——一朵花、一塊石頭、一棵樹、一個水果；觸摸它、聞它、品嘗它、仔細地檢查它。當你感覺滿意想像所激起的感覺時，繼續進行這章的練習。確認一下你想遇見的人是誰，這個人是剛過世或已去世了很久都無所謂。我提供三個會面的場所：在曠野上、在玫瑰心，或在星星裡。這些情節會把你送到想像中的會面，稍後你可以自己實驗，創造在不同地點的會面。

曠野、玫瑰和星星的影像是作為一個入口,你必須通過,你正在進入透過影像溝通的另一個世界。慢慢等,看會出現什麼,不管是視覺、聽覺、觸覺、味覺或嗅覺。想像會帶給你新的圖像及已逝之人的新感覺,你觀察愈仔細,這個經驗會愈生動及強烈。事實上,想像的世界看起來如此真實,以及所愛之人令人安慰的存在,可能讓你感到驚顫與不安。

在下面每一個練習中,你都將先探索環境,然後會見你所愛的人,最後讓對話與互動自然地揭開。你可能會發現,你所會見的人表現的方式和在世時不同;讓它發生,注意自己對任何新的及不熟悉的相處方式的抗拒。當你在進行這個練習時,你可能無法理解所發生的交換是什麼;可是如果你寫下對話,以後有機會可以去研究它。當然,非語言的溝通和沉默是無法被記錄的,所以試著讓自己的記憶敏銳些。還有,在會面期間,這個人可能會給你看一些東西,對出現的任何影像,不管多荒唐、令人不安或混亂,都要採取接納的態度,相信你的想像會帶你到療癒需要的地方。做完練習後,花些時間獨自在自己的庇靜所,深思所發生的事,特別注意到你對想像中所會見的這個人任何感覺的改變。

練習 6-1

透過心像的聯繫——曠野

首先,你將在離我一小段距離的地方坐下——

像那樣──在綠草上……你將坐得離我更近一些，

每天……在同一時間……如果你只是

任何時間來，我將不知道在什麼時候

我的心準備好迎接你。

安東尼‧德聖艾普蕾（Antoine de Saint-Exupery）

閉上你的眼睛，深呼吸幾下，將焦點放在每個氣息進出身體的動作。讓氣息成為你由對外界的注意，轉移到想像的內在世界的橋樑。

你正坐在一大片綿延到地平線的曠野，你看到一個人影正橫越曠野靠近。當這個人更靠近時，你明白這就是你希望看到的人。察覺你現在的感覺，注意這個人的長相和動作，他或她穿什麼衣服、這個人改變了嗎？要願意放下舊形象，你所愛的人外表和行動的方式可能和你記憶中的樣子不同了。停在這兒和這個人在一起，讓你們的互動不受編輯或干擾地揭開。

讓你所愛的人知道自從他／她死後，你的感覺是什麼──你懷念什麼？遺憾什麼？你感激他或她什麼？向這個人報告自從他死亡之後你的改變，用點時間去傾聽所有的回應和信息。順著這個交換讓它帶著你走。

你覺得準備好了時，跟你所愛的人道別。看著這個人離開，維持覺察你的感覺，花點時間獨處，深思這個經驗，然後打開你的眼睛。

練習 6-2

透過心像的聯繫——玫瑰

然而他們正尋找的就在一朵玫瑰內……

眼睛是盲目的，人必須以心看。

安東尼·德聖艾普蕾

閉上你的眼睛，想像一朵還緊閉的玫瑰花蕾。用你所有的內在感官去體驗這朵花，它是什麼顏色？感覺起來如何？

這朵玫瑰現在正慢慢地打開，一片接著一片，在花心站著你心愛的人，看著你。去見這個人，讓你們的互動自然地揭開。你可能會被你們之間所發生的情形感到驚訝——有些互動或溝通可能發生，而在這以前你不敢想像它會發生。

現在是更新你們關係的時候，和這個人分享自從死亡發生後你所經歷的改變、感覺、體悟，以及新的展望。

當你準備好時，結束你的拜訪。如果你覺得還沒完成，告訴這個人你什麼時候會再拜訪，然後步出玫瑰花的中心，看著花瓣再合起來，包圍並保護著你們會面的地方。

練習 6-3

透過心像的聯繫——星星

> 眾星中我將擇一存在；眾星中我將擇一而笑。
>
> 安東尼·德聖艾普蕾

　　閉上眼睛，想像你坐在一座小山上。在你上方是綿延的夜空，成千上萬的星星在黑色的夜空中閃閃發光。想著一個已逝所愛的人。讓你的眼睛在整個天空徘徊，直到有一顆星星凸顯出來。看著這顆星星，觀察從它的中心那道光所散發出來的線條，其中一條線照到你坐的地方。順著這道光芒到這顆星星，當你愈來愈近時，光的強度可能會讓你看不到或淹沒你，你的眼睛可能需要一點時間來調適。

　　當你到達這顆星星時，走進它的中心，你所愛的人將在那兒等你。用你們所需要的時間去彼此重新熟悉。討論你們中間未完結的事情，分享怨恨、遺憾及感激。然後探索你們現在的關係。承認其中的改變，不管有多微小。

　　當你準備要離開時，你會有個禮物要帶回，接受它，然後乘著光線回到地球。

蘇的故事

心像有能力讓生者與亡者在想像中聯繫，這種聯繫同時會有好多層面，它會成為一種非常感人的經驗，也是轉換的經驗。你不只可以聽到你以為失去的人的聲音，你還可以看到及碰觸到這個人。將這個人的影像放在你的腦海裡時，你可以創造及再創造你們的關係，不必像以前一樣，而是像現在這樣。

我父親死後兩年我看見他。我發現自己在一個有爬藤、多節的老樹以及玫瑰糾纏的老玫瑰花園。開始時，我置身在一棵榆樹的擁抱裡，直到一個老玫瑰叢吸引了我，是花園的始祖老玫瑰，深植在肥沃的土壤裡，它的枝幹糾纏打結，它的葉子覆蓋著滾著鮮紅邊的檸檬白花朵。我屈身聞著花香，看到一朵玫瑰打開，我的父親從中間走出來，漸漸地變成正常的高度。

我父親穿著交雜米黃、黃和灰色的潘德頓牌（Pendleton）襯衫和土黃色軍服；他慢慢地拿下眼鏡，放在他的口袋裡，然後牽起我的手。我注意到他纖長且有藝術感的手指，但因在花園工作而長滿皺紋和曬得黝黑。我告訴他我有多愛他；很輕鬆自然地，我們互相擁抱在一起，不像幾年前那麼笨拙的樣子。然後，我要求父親在搖椅上抱我，他說他很樂意，我

還是小孩子時他試著抱我，但我太好動，急著跳下他的腿到戶外玩。

接著，出現一張像我家小密室那樣有金色板模椅背的木搖椅，我們坐下來。我可以感覺靠在我臉頰的潘德頓的口袋和鈕釦柔軟但凹凸不平的質感，父親的衣服很乾淨，聞起來像佳美牌（Camay）肥皂的味道。

然後我們牽著手一起散步，我告訴他我在他面前所感受到全部的愛、喜樂和平靜。我們跟以前一樣轉向彼此，過去和所有的痛都消失了。「爸爸，我的天哪！我們治癒了過去，我們療癒了我們倆的過去。真正要緊的是我對您的愛，以及您對我的愛。」我父親要求我原諒因他而引起的痛苦，他垂著頭哭了。我用雙手抬起他親愛的臉，告訴他：「一切都被寬恕了。我知道您已盡您所能，現在才是最重要的。」

我們坐在花園一個老樹殘頭上，享受彼此的陪伴、談笑。很快到了分手的時候，我協助他走進玫瑰裡，花又把他包起來。我親吻這玫瑰並獻上祝福，謝謝它以它的擁抱守住我父親：「再見爸爸，我會再回來。」我走出花園進入樹林，感覺風在我周圍打轉。

康黛絲的故事

對康黛絲而言，父親的第一次死亡是她三歲時。他加入美國海軍並離家參加戰爭，她溫和的父親回來時已變成無可救藥及不負責任的酒鬼。二十年後他真的死亡時，康黛絲當他早就已經死了而放棄。當時她懷有身孕，婦產科醫師建議她不要參加葬禮，以免壓力太大而受不了。醫生的建議在當時讓她覺得解脫，但數年後她未解決的悲傷開始浮現，以各種身體疾病表現出來。最後，在面對父親的失落時，她利用靜坐、祈禱、夢、畫畫和寫信的活動，這些常常產生豐富的心像。一個清楚的頭腦、一張空白的紙、一塊空白的畫布都是可以有豐富產品的場所，有治療作用的影像也在這裡產生。在課程裡，她被介紹進行玫瑰的練習。

我花園裡的玫瑰已凋萎，像死了的樣子，顏色褪得差不多了，大部分的花瓣都掉到地上；它看起來好像還可以，所以不管怎樣我還是要求它打開。當我如此要求時，我眼前的玫瑰變成大而燦爛、美麗、健康的花，我父親走了出來，是一個將近三十歲的年輕人。我們坐在露台上，我開始煽起被他拋下、毀了我生活的怒火，這次我對他也沒有期待什麼，但我等著看會發生什麼事。

我發現自己在紐約的聖派翠克大教堂。我走到大

門邊，打開門，看見我父親，是位穿著完整禮服的主教，走下走道向我走來，但無視我的存在。回到露台，我告訴他：「我不知道您想成為牧師！」他告訴我，想成為醫生的未完成夢想也不是很遙遠，醫學是比較可追求的路徑；但他沒有追求任何一個。

接著，我在聖路易斯（St. Louis）鄉下一個大湖畔。一個全身白色、穿著短褲打領帶的男孩，站在一條小木船上，他正在幫助一個身穿柔白薄絲綿衣的女孩爬上船，我使勁地看那是不是我母親。再次讓我非常吃驚的，她是一個令他非常深愛的可愛小女孩，不是我母親，我聽到他說過我的母親：「她是令人難以忍受的虛榮！」我看得出他的挫折，也同情他這個認知。我母親告訴過我很多她如何被虛榮誘惑的故事，以及最後如何選擇了我父親。從此我再也沒聽過我父親的過去。

「可是那女孩是誰呢？」我問他。他告訴我，他認識她好多年了，她最後嫁給一個會照顧她的有錢人。我父親和母親結婚後，他看過這個朋友一、二次，但他仍保持和母親的婚姻，最主要原因是因為我；他說，因為離婚對他、他的家人及天主教會是完全不被允許的。

我看到自己在一間維多利亞式大屋子的一個明亮通風的臥室，我看到高高的天花板，一扇打開的窗戶

面對整排樹的街道，樹像窗簾在微風中吹動。我沒看到任何人，但我感覺到父親一個人在那兒。那個房間感覺有點孤獨，是不是有人死了？是的，我的祖父死了，他的兒子在空出的房間裏，迫切地要理出失落；它對這個十二歲的男孩，也是六個小孩中最小的一個，真是大到無法承受。我猜這男孩先前一定不准到房裡和那臨終的人告別。

再來是第二次世界大戰，我父親是南太平洋戰艦的領航員。那天是晴朗、溫暖、充滿陽光的春天。突然間我有個圖像，一個非常黝黑看起來健康的男人對我說：「事實上我喜歡海軍。這時候我必須對自己承認，雖然我非常想你和你的母親，但我也喜歡遠離你的母親和外婆。」我外婆很有愛心，但很會控制人，她從不放心把女兒交給一個男人。我開始哭泣流淚──流下同情和理解的眼淚。我以前只聽到母親那邊的說法。

在聖路易斯的廚房沒看到我。我爸爸穿著制服，我媽媽和外婆坐在桌子那兒。爸爸說他要離開，他無法想像這個婚姻如何行得通，他不想傷害任何人。我媽媽和外婆在操縱整個情況；我父親屈服了，同意留下，放完假他又回到戰爭。他曾試著要結束那在當時幾乎無法繼續下去的婚姻，這對我而言全然是新聞，因為小時候的我覺得我的父母看起來很幸福。

我在這次會面最後所做的一件事是，告訴爸爸我對他的生活變成這樣感到難過。我覺得有較多的寬恕和較少責難，然後父親對我說：「我很抱歉！」我知道他是，但是這些年來我一直在拒絕。感到抱歉並不能改變什麼，它能做的就是讓人很容易脫身。所以，我告訴他我想被釋放，我要他在任何他可以的地方——在那邊或新生命裡，做任何他可以做的來補償我；釋放我，在如此做的同時也釋放他自己。

　　跟很多人一樣，在這次的會面裡，影像並沒有像康黛絲期待的方式揭開。當它們透過父親生活的花絮引導她時，它們似乎有自己的生命。以前使用過積極想像的技巧，所以康黛絲能相信湧現的心像而小心地不去干擾它。這個練習結束時，她第一次覺得她經由父親的眼睛，而不是母親的眼睛，體驗到父親的生活。

　　這些影像對康黛絲是既令人不安、但又有治癒的功效，它們讓她可以用關懷和富同情的方式接觸到父親，她說話的對象是她小時候認識的那個仁慈、關懷、敏感、聰明、非常有智慧的男人。透過那生動的生活花絮，她能夠體驗父親的失望和沒有實現的夢想，也第一次讓她了解父親嗜酒成癮的原因。

　　透過想像，你能進入另一個人的身體或生活經驗，讓透過那個人的眼睛看世界成為可能。以這種方式，同理心自然地發展起來，把舊創傷和憎恨變成了解與同情。

會見兒子和會見母親

　　李查在工作壓力開始危害健康時接受治療。在幾次治療後，可以清楚地看出，隱藏在壓力之下的是一個無法解決的陰鬱悲傷——他的兒子布萊恩五年前死於愛滋病。看著布萊恩的身體日漸惡化，看他無助的受苦，對李查是難以忍受的煎熬。這些記憶在白天糾纏著他，到了夜裡悲傷無情地吞蝕他的臟腑。

　　在一次的治療中，雖然心存懷疑，李查還是同意試試玫瑰的練習。讓他非常訝異的是，當玫瑰打開時，馬上出現布萊恩清楚的影像。布萊恩帶著笑容向李查保證他很平靜，他說他一直很挫折地試著要讓父親知道這件事。他們繼續談論彼此的關係，治癒了折磨他們倆很久的舊創傷。當李查打開眼睛時，他看起來非常的解脫——他的臉清朗而發光，這種現象常是伴隨一個人全然地打開心胸而產生。李查說他唯一後悔的就是，等那麼久才來這裡接受治療。他從沒夢想過想像的工具能有這樣的突破！

　　另一個當事人李拉選擇曠野的練習，希望會見去世數個月的母親安雅。安雅過世時，李拉不在身旁，她離開醫院去吃個晚餐，回來時發現母親已經死了。從那時候開始，她一直因為母親過世時她不在場而苦悶著，一直無法釋懷她未能做些什麼好讓母親繼續活著。開始時，安雅的日漸衰弱是來自一個小小的意外，李拉期待母親會很容易康復；但是不預期的副作用產生，安雅的健康和精神很快地惡化。李拉很懊悔她沒有對醫生積極些，沒有

推動其他的醫療選擇。在她的腦海中，李拉一次又一次地重演母親病情的進展，責備自己所犯的錯誤。

現在，當她的想像集中在曠野時，李拉看見母親就像活著時一樣清楚。安雅一出現，影像開始變得非常明亮。李拉和母親長談她的罪惡感和苦惱，然後她傾聽安雅要說什麼。安雅告訴她，她想死了，她已經完成她的任務，知道她的小孩有人照顧了，她準備好要步入未知。她逃避告訴李拉這個決定，因為她知道她的女兒會抗拒。

安雅的話讓李拉吃驚，雖然她知道母親的感受是真實的。如果在現實生活安雅告訴她，她想死了，李拉一定會抗拒和抗爭，完全沒有心理準備要讓母親走了。安雅的揭露讓李拉覺得從罪惡中釋放出來，替代罪惡感的是她對母親的深愛，李拉終於可以放下安雅。

療癒包括接受——而不是壓抑——想像帶給我們的影像。把對它們的假設和期待放一旁，李查和李拉擁抱他們所愛的人及他們的信息——當他們出現在練習中時；這些強而有力的影像把李查和李拉帶到已知的邊緣，也恢復了他們和失去的家人的聯繫。

未回答的問題

瑪麗安在二十二歲的兒子自殺後六個月參加「失落之後」工作坊，就像很多身處這種情形的父母一樣，她為他的自殺倍受煎熬。她無法釋懷自己未能及早發現兒子苦惱的細微徵兆，而去做

些什麼以避免他的死亡。有好多沒有回答的疑問,而最大的問題是「為什麼」?

在工作坊裡,瑪麗安很高興有機會寫信給兒子。她發洩她有多想念他及愛他,以及他死後這幾個月她所經歷的想法和感覺,包括生氣、罪惡及被拒絕的感覺。她問了那些夜夜讓她無法入眠的問題。對話練習也一樣有治療的效果,因為她的很多問題都被回答了,除了她的大問題:「為什麼?」後來在下午,我引導這個團體做玫瑰的練習。瑪麗安閉上眼睛,向內集中在一朵鮮紅的玫瑰,它正一瓣一瓣地打開,中間站著她兒子,他直立在那兒,笑得很開心。瑪麗安向他伸手,經過了數個月的痛苦悲傷,她急著要觸摸兒子。當她把他抱得更近時,她想她的心高興得快跳出來了——她可以透過心像感覺到他!一段時間之後,她的兒子拉起她的手說話:「我要讓你看看我現在能做的。」他們一起升上天空,然後一起飛翔。當她看到他的手臂伸展出去飛翔在藍色的天空時,她知道兒子自由了,生前在他身上的那些重荷已減輕了。不用話語,她已得到那些困擾她兒子之死的問題的答案了。透過信、對話和引導式的心像練習,她覺得比較能平靜了——對兒子及對自己。

艾咪的父親在她七歲時飛機失事死亡。那天她拜託父親不要去飛行,但是他還是起飛,而家人正從地面觀看。起飛後不久,飛機爆炸。艾咪接受母親的說法,父親死於他所愛的飛行,因此她從沒好好地哀悼。

當她父親從玫瑰走出來時,他如此的清晰,讓艾咪目瞪口

呆，因為她一直只保有他的記憶，而不是他的人。有了父親站在她面前——如此有生命力，充滿愛及完整，她明白她是多麼思念他。經過了十四年，有好多事要說，她告訴他有關她現在的生活，有關沒有他的成長過程；她最後終於問了從兒童期就糾纏她的問題：「爸爸，您為什麼離開我們？」他回答自己並不想離開家人，他知道他的女兒們會覺得被他拋棄，這讓他在死亡時很痛苦。但是，即使他那麼想留下，那就是該輪到他死亡的時候，他要讓她知道，死亡並不是像她所想的那樣是分離。這次在她想像中和父親短暫的相遇，讓艾咪成長了；他的信息讓她感到舒解，她明白他並不想離開她，且毫無疑問地他仍活在她的心裡。

心像的力量：回顧

　　當我們準備一個豐富的環境讓心像產生時，聰明的想像會產生我們療癒所需的那些影像。相信這些影像，接受及擁抱它們，用你所有的感官體驗他們。你集中在愈多的細節，這些體驗會愈有力、立即和強烈。開放自己給那驚奇和喜悅的震撼，當你的智力用評判在修正或干擾時，輕柔地把你的覺知拉回影像流。珍惜和品味這些影像帶給你的；沉緬在它們療癒性的碰觸，讓它們在這練習之後仍久久的在你身上發揮作用。如果你帶著所愛之人的內在影像，他們將幫助你在生命的日子裡吸收其他的存在，你也許想把這些情節當作電影的片段，它們會富有某些意義，可以在日後思考它。

讓我回顧一下透過心像處理內在溝通的步驟：

- 確認一下你想見誰，想想你們關係中的問題及未處理的問題，自從死亡發生後，這些問題如何影響你對這個人的感覺？

- 在你的庇靜所留下一段不受干擾的時間。坐下，集中注意在你的呼吸，讓你的頭腦清醒，身體安定下來。

- 閉上眼睛，在你的想像裡走到那個療癒的場所（像是花園、曠野、森林、特別的房間或海邊），用你所有的感官探索這個環境。

- 邀請這個人到你為療癒你們的關係所選擇的地方。當他或她接近時，仔細地看。覺察你當時的感受，你也許觀察到這個人的改變；不要緊抓著舊記憶不放。

- 開始對話，提出你關切的議題。坦誠地說，不要干擾自然揭開的情形。你也可以只是靜靜地和這個人在一起，分享沉默的時間。

- 仔細及尊重地傾聽回應。

- 對未預期的發展要抱持接納的態度。例如，這個人可能帶你到某個地方，或給你某個東西；其他的人可能會出現。

- 結束你們的會面。如果你覺得還沒結束，告訴這個

家人，很快地你們會在你的想像中再度相會。

- 這個人離開後，花些時間在你的庇靜所。放輕鬆，沉思所發生的經過。

- 寫下你所經歷的。有時候要花點時間才能了解那些經驗的意義或重要性。

經由內在溝通我們會發現，死亡不必然分開我們和所愛的人。透過寫信或對話，透過大聲說出或利用心像，我們有療癒舊傷的新可能性，追溯關係到最近及表達我們的愛。我們了解到，我們和已逝家人的關係仍有無限成長的可能性。我們和已逝的人所經歷的任何突破和療癒，能增強我們的能力去和活著的人有個更有意義及圓滿的關係。

第三篇

往外和合

唯一抑制你遠離深層的、心安的、心靈的關係者，是你的想像。

湯姆斯・摩爾

（Thomas Moore）

生死一線牽：超越失落的關係重建

146

第七章

一個死亡事件之後
的家庭溝通

我們彼此成為有新生命與新觀點的新人。

亨利・諾溫（Henri Nouwen）

一個死亡事件所引起的家庭系統的變動，會對哀傷中的家人相互之間的溝通，加諸相當緊繃的壓力。例如莉雅娜在父親過世之後發現：

> 我父親在九個月前過世，對我而言，這是一個重大的失落，遠超過我的預期。我們一直非常親近；但是，直到他過世了，我才了解我竟向來把他的默默支持視為理所當然。我非常非常地想念他，並且覺得自己是這麼孤獨，這種有如揮之不去的痛處，就算是和丈夫、孩子們在一起時，也是如此。這種孤獨的感覺真令人害怕！
>
> 現在最令我擔心的是我和母親的關係，父親走了以後，我很快領悟到，我希望能縫合多年來和母親之間充滿痛苦和憤怒的母女關係，畢竟她是我僅存的雙親了。我記得當我想到：「哦！天啊，如果母親現在就死了，一切將會變得更慘，那將會是我經歷過最糟糕的失落，因為到現在我都還沒有和母親和解，我們將永遠沒有機會相互了解了。」
>
> 在父親過世之後，我們母女之間曾有許多重大破裂的衝突。突然間，我很清楚地看到我們之間的互動模式是這樣子的：多年來我們都只是相互匆匆一瞥而根本沒有認真地相互凝視！在父親過世後，我覺得我終於「看到了」母親；然而我卻不喜歡我所看到的，

因為我根本不尊敬她！我覺得她是以虛幻的包裝以及過度不安來面對自己，而那種有其母必有其女的想法真嚇著了我。我領悟到，我已經失去雙親中一個在情緒上支持我的人；但憤恨的是，留下的這個卻絲毫不了解我。幾個月前，我試著告訴母親我是如何處於喪父的悲傷中，但她根本聽不進我的話，她太桎梏於自己的悲傷了。我現在看到我如何為了要扮演她的好女兒的角色，卻一直犧牲了「做我自己」。

現在，要和她在一起真是令人苦惱，我再也無法繼續扮演從前的角色，所以我們也不知道如何相處。我們都身處於一個共同的失落中，但是當我們在一起時卻只有感覺孤單。我很想以充滿愛的感覺來對待她，也希望我能原諒她，為了……

莉雅娜的聲音逐漸微弱而消失；而原本在敘說她的故事時一直凝視著我的雙眼，現在卻垂下眼簾盯著她自己的雙手。她會如此僵住，是因為她正差點吐露出某些家庭秘辛，而這是她尚未準備好要探索的地方。但是我尊重她，我們可以稍後再回到這個討論上。當她又抬起頭來時，我向她點點頭。她又繼續敘說她的故事，看起來已經比較釋然了：

我哥哥切斷了和母親與我之間所有溝通的管道，因為他自己正陷入極大的困境，他正煎熬於失去父親

的悲傷以及無法在父親生前化解兩人僵持關係的事實之中。雖然很難令人相信，但他的確走得比我還辛苦；我知道我媽媽很難了解哥哥的痛苦，因此，有時我會陷入兩者之間。但是我想我能理解他的情況，因此可以尊重他需要用「很抱歉，目前我也不知道怎麼處理才好」這句話，來使他覺得比較舒服些。他有權這樣說，而且沒有理由該覺得有罪惡感。然而，照顧他也不是我能擔負的責任，因為任何人都無法保護別人免於痛苦。但是，我真的很想念他。很悲慘地，在這個我們都需要彼此的時刻，家人之間卻如此相互隔離、斷絕彼此。

我曾希望丈夫能夠幫忙我脫離苦痛與孤獨感，但是我們彼此也有溝通的困難。他試著支持我，但他沒有過喪親的經驗，根本不能了解我正在如何度過悲傷，反而似乎被我這種強烈的情緒給嚇著了。現在我逐漸明白，在情感上我根本沒有真正信任他，尤其在我雜亂而脆弱的情緒狀態下，有太多次和我在一起時，他還對我冷嘲熱諷，我真的覺得好孤獨！

莉雅娜把手擱在胸前，開始放聲啜泣。她的苦悶是如此地痛苦難耐，我能理解為何她丈夫會從她身旁退縮下來。我深深吸了一口氣，我無法拿走她的痛苦，也不想這麼做。很重要的是在那個時刻，要有一個也了解這種痛苦經驗的人陪著她一起完全地經

歷這種苦痛。我鼓勵她讓淚水流出來，我知道她的淚水正引導她返回自己的內心。

悲傷如何改變家庭

悲傷會以不同方式影響不同的家庭系統，因此，本章中我將先把我的論點限定在有血緣關係的家人上，在第八章中我則把焦點放在婚姻以及其他伴侶關係的例子。

懷著悲傷反而會帶引出極大的潛能，去清楚地辨認家庭關係之間是怎麼制約成的，以及形成什麼樣的類型；痛苦洞察那些曾經被忽視或逃避的議題，現在已經可以偷偷地、一溜煙地越過較低的自我防衛，讓問題變得很明顯。很多我的當事人和來訪者曾經用過的隱喻真令人印象深刻，例如：「自從這個死亡事件之後，就如同是遮蓋視線已久的帷幕終於被掀開了一樣，我正在以不同的方式來看待每件事情。」這種清晰的洞察也是一個去感謝某個關係的力量，或是公開承認其不健康的層面，以及發展更真誠關聯方式之契機。這種自由的感覺以及關係中的新機會，可以是令人既興奮又害怕的。

這種觀點的轉變，加上對自己孤獨感的敏覺，促使莉雅娜逐漸去體驗在她家人關係之間的變化。在她的孤獨感中，她已被丟回到一切只能靠自己，以及迫使她去評估以前認為理所當然的關係；尤其在這種處於失落的關鍵時刻，看到她在母親、丈夫之間的妥協，以及面對缺少兩者的支持與親密的情況，對莉雅娜而言

是很痛苦的。正如許多在哀傷中的人一樣，莉雅娜感到一種要增進與深化關係的渴望。特別是，她深知自己想要和母親之間有一個更充滿愛的、真誠的關係；但是，這當中也出現這麼多憤怒與怨恨，叫莉雅娜真不知要從何開始。

正如莉雅娜的故事所呈現，家中有人過世之後，一個多年來固定成型的系統，可能會陷入一團混亂之中並且引起變動。舊的關係模式已經行不通了，而過去的憤恨、對立與猜忌卻一一浮現；伴隨著甚至可能回溯到兒童時期尚未解決的議題，新的緊張氣氛及憤恨可能又會因為照顧臨終家人的爭論而引發。另外，眾所皆知的，死者遺產的分配也可能變成爭鬥、滋生憤怒與家庭糾紛的主要戰場。

此外，在家人過世之後，遺族之間的同心協力也會產生家庭相處模式的新動力。例如，我有一個名叫德瑞克的當事人所形容的，他體驗到自從他父親過世之後和哥哥關係之間的微妙變化。德瑞克的哥哥過去一直和他父親很親近，而他覺得被哥哥管得太多以及一直籠罩在哥哥的影子底下。然而，當他們的父親去世之後，象徵家庭份子在家中地位的家庭星座（family constellation）也改變了。哥哥好像突然頓失倚靠，也因此似乎比較沒有權力，德瑞克反而覺得更有自信去勇敢面對哥哥，以及完全展現自己的才能了。

當家庭經歷這些轉變時，爭吵也可能會增加。很多人還會因為這些爭吵的產生而覺得困惑甚至羞愧；假如家庭成員可以把焦點放在這些隱藏的議題上，並且相互溝通，那麼這反而會是締造

更健全關係的契機。

　　最後，對於死者所帶來的「人終究難免一死」的覺知，也可以是維繫家庭關係的動力。莉雅娜了解到她只剩下雙親中唯一的一個，促使她嘗試去縫合和母親之間的關係——儘管這些努力會帶給她痛苦和憤怒。雙親中的一人過世了，經常會打破我們遲於不敢和另一位的關係做必要改變的僵持與猶豫。聶特告訴我，他父親的死如何促使他去檢視與改變和母親相處的方式，和父親的親近關係讓他一直忽視和母親相處的困難：「我最害怕失去母親的是，我將會花很多時間在感到非常悔恨過去沒有對她好一點。假如她今天就死了，我會盼望我以前對她有更多的耐性、較少的批評。每天當我想到這點，也同時想到一定有一個預防後悔與自責的方法，我就努力朝那個方法去做，短短幾個月間我已大有進展。」

　　變化也會發生在手足身上，家人的死會帶來手足之間對這種特別的家庭連結有一個全新的理解，因而能夠攜手同心在一起；並且可能出現更多的意願與動力去處理未解決的課題，使問題變得更為清晰，而相互之間也更有聯繫。這時，兄弟姊妹也許會覺得比較能夠坦然地去討論那些可能一直搞砸目前關係的孩提時的憤恨、猜忌與秘密。藉由這麼多問題的浮現，其實也是去修復這些懷恨以及建立相互之間成熟的成人關係的有效時機。在《追思》中，亨利‧諾溫寫到有關母親的過世如何改變他和手足之間的關係。如下所述：

我們開始感覺到新的親密是遠超過「你們仍然還有彼此」這種說法所能形容的，我們彼此成為有新生命與新觀點的新人。生命以新的方式在變動，我不只是向母親道別，也放下那些我們內在必須死去的東西。我也在父親、哥哥與妹妹身上察覺到這些改變。在我們之間維持一定距離的藩籬已經被撤離了，因此新的親密感得以產生。（Nouwen, p. 37）

　　有時候，一位家人的過世，也正是一個去了解某個向來關係疏遠的家庭成員的機會。一位參加我工作坊的婦女，她以前從來沒有和父親單獨相處的時間；她從不知道父親除了婚姻中的角色之外，是一個什麼樣的人。無論什麼時候，只要她父親接到她打回家的電話，他總是自動把聽筒拿給她媽媽。

　　在她母親死後，起初只要是單獨和父親在一起時，她都會覺得怯懦尷尬；幾個星期之後，雖然仍有些不習慣。但是當她逐漸了解父親，也開始喜歡和父親相處時，她感覺到很興奮。六個月之後她父親死於心臟病，她覺得很感激曾和父親共度一段有品質的短暫時光。

　　然而，仍舊會有和僅存的另一位雙親或手足之間的爭吵、後悔與怨恨等困難問題發生，因為兩個人各以不同的方式同時地處於悲慟當中，之間的互動可能會出現前所未有的緊張與混亂局面。以這些因危機而帶來的新的清晰視野，為人子的可能無法去忽略那些不健康的相處模式，或者在關係中久被壓抑的課題。討

論、對質，以及那被期待的突破，可能會是迷人的、有建設性的結果，也會發生。

在悲傷帶給一個家庭情緒混亂當中，要如何改變我們原有的期望呢？處於哀傷中，和家人及朋友溝通，可能是很困難的。在那時刻，情緒一再被攪動，人常常因而覺得雜亂與坐立不安。在哀悼中的人常會表現出在其他情況所難以想像的行為，例如憤怒、不耐煩以及其他「負面的」情緒。他們甘冒不敬並且講出有時是幾近殘忍的直言，他們沒有精力保持溫和、顧慮別人的感受，而是以壓抑或仍然用舊的、沒有建設性的行為模式在互動。當誠實與懇摯地表達自我而發現真的覺得好多了時，對正在哀悼中的人來說，可能是一種釋放的感覺。假如家庭中的成員都同時在哀傷中，可能會出現爭吵、發生誤會，以及可能會中斷彼此的聯繫。這些都是很平常的，然而局外人可能會被他們這些行為的改變而嚇到與搞混了，這同時也會造成溝通時破壞性的影響。

以退縮作為改變的手段

爭吵出現時，從關係中暫時退縮可能是一個有效的手段；而且，要相信能夠從另一位雙親或手足身上拉回可能產生癒合以及重建關聯的期望，仍然是艱難的。在我父親過世後，我自己也親身經驗過這種不確定感。這種在我內在爆發的悲傷力量，不會讓我把自己的情緒擺在一旁，而只去注意我母親的需求。我需要從母親那兒拉回，才能夠去看重以及完全經歷我自己的哀傷。即因

從小我就被制約成要照顧我母親的需求先於我自己的，這種模式已經如此緊密地織入我們母女之間的關係網絡中，而我卻必須等到父親過世之後才能看出完全的脈絡——對於一個治療師而言，真是令人羞於承認。縱然這種覺醒以及我自己行為上的後續改變，在當時曾引起我極大的不舒服，我仍然很感激悲傷帶給我的發展性動力。不僅幾個月之後，母親和我能以尊重差異的方式重新連結在一起，而我也體驗到在其他關係中也會考量自己需求的些許改變。

雖然，保持距離可以提供喘息的空間，但這是一個改變產生的階段，不是長久之計。作家兼心理治療師海芮雅·勒能（Harriet Lerner）在其著作《親密之舞》（*The Dance of Intimacy*）中建議：

> 慢慢地趨向於和我們的血緣親戚之間更加緊密地連結，而不是保持距離，這是把更紮實的自我感覺帶進其他關係的一項最保險的策略。當我們和衍生家庭（extended family）之間很少聯繫，以及和一個或更多個核心家庭（nuclear family）成員（某個兄弟姊妹或某個雙親）之間切斷關係時，我們的其他關係很可能就像一個壓力鍋，隨時會爆發衝突，尤其是在我們剛要建立自己的新家庭時。和我們生長的第一個家庭的疏遠與切斷關係的程度，直接地關聯到我們帶給其他關係的熱絡度與回應的程度。（Lerner, p. 214）

使用內在的溝通

雖然在情緒高張時的外在溝通，可能會帶來更多的緊張與爭執；但是，這些也是使我們和過世者重新再連結的資源，以及可以幫助我們以新的、更強化的方式和家人之間聯繫。想像提供一個拉回、重新評估，以及體驗向內修通關係的安全之所，而內在的溝通則提供進行這種關係修復的機會。

哪裡是因悲傷而導致溝通破裂或切斷的地方，想像都可以在那兒搭一座橋樑，讓你和一個家庭成員，一起去越過傷害的裂痕、失望、誤解和憤怒。如你所見的，在你內在的想像中，你有自由去揭開那些被沉默的議題、去無拘束地表達自己，以及讓久被壓抑的情緒發出聲音。既然在想像中你並不被限制於只是一個外在肉體而已，你可以邁步進入另一個人的內在，以及從他／她眼中去體驗這個關係。此外，當你正在同時參與其中時，你可以看到在關係中的自己。

所有這些，你都可以在自己內在中自由地進行，而不需要別人的參與；在日常生活中的溝通似乎是不可能時，這卻是一個值得注意的機會。藉由提供全新的資源去突破具破壞性的關係形式，以及滋生同情與理解的新觀點，內在想像將會幫助你加深關係之間的連結、修復裂痕，並且以在日常經驗中看似不可行的方式來表達愛。

有時候某個家人運用這種內在的想像，會導致在其他家人身

上的驚人改變。一個當事人用本章後面提供的練習7-1的方法，去和健在的父親討論在他們的關係中已經隔離他們多年的議題。他們的溝通向來僅只於表面上寒暄問候而已，做完這個練習之後數天，她就嘗試打電話和她父親交談，然後告訴我這件事：「我簡直不敢相信他竟然如此傾聽我說話——這是他以前從來不曾做的，我們談到許多重要的議題，但卻沒有彼此大叫爭吵。某些東西已經在我們的溝通之中開啟了，過去我並不認為這是可能的。」

內在想像的練習，不僅奠下和某位尚存的家人之間外在討論的基礎，也似乎影響了討論本身的進行。一位當事人在想像中與妹妹面質之後告訴我：「自從我母親過世後，我就再也不能忽視妹妹與我之間的衝突了。既然她已是我僅存的家人，我想要和她有更親近的關係。我用治療師教我的內在溝通技術，在我的內在想像中和妹妹面質了幾個星期。當我達到對自己的需求更加清晰以及對她的失敗更為同情時，我就覺得已經準備好要和她好好一談。事實上，我和妹妹之間的討論竟也變得和我在想像中所做的非常相似，我妹妹很願意聽我講。以往假如我以任何像父親一樣的批評方式來說她什麼時，她通常是立即打斷我的話；但是這次，她卻比我印象中的任何時候還要能接受與理解我所說的。我們的關係現在已經不同了，這是我生平第一次覺得和自己的妹妹在一起很輕鬆。」

輕輕鼓動想像，我們會趨近一個比意識的心智所能獲取的更廣大的知識。因此，關鍵是你要以謙卑與接納來接近這個想像。當你準備要和一位過世者在想像中溝通時，要摒除任何對內容或

結果先入為主的偏見，並且要避免加入你的慾望，要敢於以不帶批判或改編訊息的方式來接受任何發生的事情。容許自己舒展，想像可能會發生令你訝異的、著迷的，甚或嚇到你的事。想像是很自然地開啟與具有創意的，並不會去區分負面的與正面的、忘形的與可怕的，或者是生與死；它包含著所有這些，帶我們越過有限視野的邊界，以及提供超越我們最雜亂夢境的治療潛能。

透過本章以及後續幾章中，以內在溝通來引導的練習將幫助你說出從未表達過的感受、得到新的理解與同情，以及去面對與再次經驗那正在影響你和某位家人關係的負面情境。當你在練習內在溝通時，你會發現自己在當中也變得更善於溝通了，在想像中能夠更容易地說出與傾聽。其好處不僅於此，在想像中去面對某位所愛的人，將使你更有信心地在外在的真實情況中，去嘗試更坦白地說、去設定界限，以及提出你想要的要求。因此，在練習本章所描述的內在溝通技術後，你也許會為了要整合新的突破、了解與洞察到你的關係中，而想要開始和家人展開實際的面對面溝通。把第 160 至 161 頁中的問題放在身邊，以便評估你要和這個家人溝通的準備度。然後，界定你的目標、辨識你的主題、做開始的接觸、挑個安全的地方，以及為一個更有建設性與治療性的討論設定指引。

要求歸還自由

家庭治療先驅者維吉尼亞・薩堤爾形容家庭中健康的關係所

必須具備的五種自由，如下：

1. 看和聽的自由。

2. 說出想法和感覺的自由。

3. 自在地感受感覺的自由。

4. 為想要的提出要求的自由。

5. 為自己冒險的自由。

在建立健康的家庭關係時，我們需要去要求重新獲得這些明確的自由。

接下來的練習能讓你透過內在溝通幫助你重獲這些自由，或者第一次敢在你目前的關係中去要求這些自由。開始設定一個在你自己的庇靜所中不被打擾的時段，逐一檢視下列設計好可以使你專注於這個內在溝通練習的問題。然後，可以用一張那位家人的照片以使你在練習中保持注意力，密切地依循著這個步驟。

評估家人的關係

* 在我的關係中，什麼相處的品質對我目前是重要的？

* 什麼是我不願再忍受的？

* 我很滿意我和家人關係的品質嗎？

* 在我和家人的關係中已經發生了什麼變化？在和他

們的關係中我想要的是什麼？

- 在因死亡事件所引起的角色與責任的改變當中，是否依然存在著未表達的怨恨或感激呢？

- 既存的關係是否受這個死亡事件的影響？

- 在度過壓力與悲傷的時期，有什麼力量與弱勢已經浮現在目前的關係呢？

- 我是否看到在我和這位家人的關係中反映出我父母婚姻關係的哪些模式呢？

- 我的友誼產生什麼改變了？哪些友誼變得更親近？哪些變得更疏離了？

- 我是否願意讓我的家人和朋友知道在關係中我想要什麼？我是否能夠對他們表達我在想什麼、感覺什麼？

- 我是否成功地更親近我的家人和朋友？也成功地設定與他們相處之間的適當界限呢？

- 我能夠多真誠呢？我有多麼委曲自己呢？我能不能勇於在關係中不惜冒險去追求我想要的呢？

一旦你仔細省思這些問題並且澄清其優先順序，你就可以用自己內心深處最渴望的方式來展開逐一釐清關係的步伐了。但是，必須謹記這個提醒：「一旦你開始行動，就要有心理準備去面對在關係中各種相當大的破壞力與衝突。」

練習 7-1

和某位還健在的家人進行內在的會面

　　要開始進行這個練習時，先坐定，閉上雙眼，並且把你的察覺帶到你的呼吸上幾分鐘，以調整好你的身體和心思。現在，想像一個治療的地方，這可以是在一般現實環境中你曾經見過或駐足過的地方，也可以是只存在於你想像中的地方。可能存在於大自然中：森林、海灘、瀑布、山頂、花園；或者是一個特別的房間。你可能決定了一個特定的地方，卻發現在另一個景象中呈現出別的；別去抗爭這種情況，相信一切自然發生的事情。

　　以你全部的感覺去體驗那個地方。看看四周並專注於每一個細節。去觸摸、聆聽、聞一聞；啟動你的內在感官，在這個練習中是很重要的步驟。在想像中你愈能完全地調和所有的感覺，這種想像的經驗就會更強烈。繼續用你所有的感覺去探索這個環境，直到你感覺完全置身在那個地方。

　　當你覺得已經準備好了，邀請所選定的那位家人加入這個治療的環境中。當這個人靠近了，專注地去察覺你正在經驗的身體感官的變化。不是期待會發生什麼，而是很密切地注意這位家人的表情、動作與穿著，注意察覺你正在感覺的。

　　有些人覺得，即使是在想像中單獨和這位家人談談，仍然會感到焦慮不安，可以請求一位嚮導來支持與保護；但即使有嚮導

站在你旁邊或後面，他也可能不是真的主動參與這個會面，而僅止於用在場來幫你而已。

　　開始揭露與家人關係中你所在意的議題，誠實、懇摯地說，完全表達你的感受，這是能說出在你關係中被忽略或禁忌的議題之機會。

　　如果你正帶引出一個過去想要解決的事件，你可能會想要說一說那件事的來龍去脈，當時感覺如何，而現在對此事的感覺又是如何；這件事曾如何影響你，以及現在你想要這位家人為這件事做些什麼。為了達到最好的結果，要避免苛責、操縱或要求；而且要覺得仍然能自由地表達憤怒、保持身體內各種感官的察覺；盡你所能直接與清楚地這麼做。這種情緒的表達是為了你自己的治療，不是為了引發別人的反應。

　　接著，允許你的家人做回應，仔細、尊重地聆聽。讓這種對話與互動自然浮現，千萬別打斷。你可能會發現這位家人表現得和以往截然不同，任由其自然發生吧！注意你自己對這種不熟悉的新關聯方式的抗拒，也許你會不了解正在說什麼；在那兒可能以非口語的方式溝通，也可能只是沉默。別的事可能開始發生，那個人或你的嚮導可能想要讓你看看什麼。接納任何出現的景象，儘管可能是不合常理、令人不安或令人困惑；但是，要相信這個想像正在帶你到治療所需的地方去。輕輕鼓動想像，我們可以趨近一個比可意識的心智所能獲取的更廣大的知識。

　　為了更深入了解那個家庭成員對你們關係之間的察覺與感受，你可以踏進他／她的身體內。從她／他的眼中去看世界，你

曾經如何受傷害，如何努力奮鬥於這種關係中，你想從站在你前面的這個人（也就是你，在你自己的體內）身上得到什麼？你想要告訴這個人什麼？允許一個在那位家人內在的你以及這個正在和那人聯繫的「你」之間對話的展開。

你可能會發現，你們的會晤開始超越個人性，而推升到更靈性的關懷。這並不令人訝異，因為想像是心靈的疆域，以及如同湯姆斯・摩爾（Thomas Moore）所指出的：關係，特別是那些嚴重糾結不清的，仍然可以導引到靈性的揭露。他寫道：「儘管我們可能以為我們的強烈情緒正集中在那個身旁的人，其實我們似乎正被調整好以內在的靈性去面對面，而且我們了解或談論著那種神秘。」（Moore, p. 257）

當你與這位家人的會面要結束時，說聲再見。如果你覺得尚未完成，讓他／她知道你們仍將在想像中再會面。看著你的家人離去，完全地察覺所有你內在正在發生的。然後，花些時間單獨在你想像的治療處，沉思剛才發生了什麼而現在感覺如何。你對這個人的感覺有了什麼改變？在想像中的這些地方——躺在草地上、在瀑布或噴泉中洗濯、在海洋中游泳、快樂享用一餐、爬上溫暖的床上……，盡情放鬆，全神貫注於治療上。

當你打開雙眼，把你的體驗記在札記中以幫助你統整這些經驗。在後續的幾天或幾星期中，注意任何擴散在你們關係之間的變化。當你清除掉阻撓改變與轉換的內在障礙時，你會發現對那個人有不同的感覺，也會以不同以往的方式來和他／她互動關

聯。去探索可以支持這些改變的行動方式，你可以選擇直接和這個人談談某些你曾在想像中探索的議題。再強調一次，不要對他／她將會如何反應做任何預設，要包容與接納。

當莉雅娜在一個治療療程中第一次嘗試這個練習時，她被所感受到的以及表達出對母親的憤怒之強度所震懾，她談到以前未曾表達過的傷痛與失望。她正體驗到那些如薩堤爾所指出的健康家庭關係基礎的自由：說出她所想的與感受到的自由，以及為自己而冒險的自由。在這個練習中，她母親只是傾聽著，並沒有中斷、含著淚打破談話，或提出藉口，而是專心地點頭與聆聽，似乎對莉雅娜所說的話都已了解。感受到母親已聽進她所說的話，莉雅娜在他們的心靈交會之後感受到無比的愛與溫柔，以至於使她靠近母親而且擁抱著她。在想像中當她抱著母親時，她似乎可以感受到母親的心跳也緊靠著她的呢。

在下一次進行的練習中，她的母親說話了，分享她所經歷同時為人母與為人妻的擔憂和困境。對莉雅娜而言，這是一個步入母親內在與從母親眼中去經歷這種關係的突破。然後，她明白母親是多麼愛她與關心她、了解到母親的童年傷痛在情緒上是那麼樣地絆住她自己，讓母親很難不用自以為是或吹毛求疵的方式去表達愛。

外在的實際會面

一旦你已經可以透過內在的溝通達到使你感覺更清澈與同情的狀況，就可以轉移到外在實際的溝通了。首先，藉由回答下列問題來評估你的準備度：

- 我是否很清楚在這關係中我要的是什麼？
- 我是否對用內在溝通揭露出來的議題，仍然感到煩亂呢？
- 我是否可以真實地說出來以及尊重地傾聽呢？
- 我是否能包容這個人的觀點呢？

花些時間去反省你和這位家人之間曾經碰到的困難，問問自己：「哪些過去或現在的議題正在阻擋一個明朗的、親密的與相互尊重的關係呢？在這些議題中，我的立場是什麼？我要什麼？我想要改變什麼？我扮演什麼角色？」

然後，設定和這位家人談話的時間——不是在你的想像中而是直接面對面。當你們坐在一起時，要把自己的意向說明白，如果那位家人知道你想使兩人從這個談論中得到什麼益處的話，這將建立兩人的合作關係。例如，以下列的方式表達：「我想能和

你有個較親近的關係，但是這些議題擋住了我的路……，出於我對你的愛以及想要一個更健康關係的希望，所以我現在想和你談談。」然後專注在一件事情或議題上，包括以下三項重點：

1. 發生的事情是這樣子的。
2. 這是當初我所感受的。
3. 這是我現在想從你那裡得到的。

要求這位家人只要傾聽這三個要點，毋須回應、同意或不同意。沒有批評或指責，並且試著盡可能以清晰、簡短與明確的方式來敘述這個議題。說出你自己的經驗與感受，盡量使用「我」為首的敘述來表達自己。

然後，請求這個人反思你所說的話，以確定你的訊息都被正確地、清楚地傳達了。

領悟到這種討論真的可以突破困境是很重要的，但是一個關係中的實質改變，必須跟隨著一些逐步的小步驟，清楚地不斷陳述，以及在行動中深思熟慮地檢測而來，這些都不是很容易達到的。一次的談話不一定會產生持續的改變，但持續的行動就會。當莉雅娜覺得對那些想和母親討論的問題都很明白的心情下，她就用上述所說明的模式和她母親有好幾次的談話，她可以不用苛責或對母親語帶威脅的方式，來溝通這些關心的問題了。

在談話中，我們能夠討論那些在我們關係中曾經困擾我的主題，尤其是那些從童年就開始的。當我們敞開心胸一起談時，我開始把她看成是一個獨立的個體，而不只是我媽媽而已。我現在明白，我以前是如何把她只限定在一個媽媽的角色，因為她一直缺少我理想中的母親形象，我因而對她的不完美感到怨恨與憤怒。一旦我能把她看成是一個一直在克服自己困境的一般人，以及一個隨著我們一起成長的媽媽時，我們開始有了一些有趣的對話：關於她的婚姻、在我童年時代婦女的社會地位，以及這些較大的社會性議題是如何影響她的母職等等。我能以一個凡人來看待母親，這也幫助我能同情與理解她。我們一起分享身為人類的困境，而不只是討論為人母與為人女的奮戰。

榮格曾寫過：「要一直到我們可以看待雙親如同一般人一樣有他們自己的傷痛、限制與失敗，否則我們無法成長。」當我們可以寬恕我們的父母如同一般人一樣，然後我們才可以擺脫過去，接受我們的父母而不會想要去改變他們。莉雅娜發現這種新的對母親的理解與同情，帶來母女之間更深刻與更有功能的關係。

很多人會發現，在和尚存的另一位雙親重建關係時，牽涉到必須從現實中跳脫期待以及難免有不可避免的失望。在我們內心深處都存有一個我們想要的父母的形象，而這些形象通常都有個原型的來源；但是活生生的、有血有淚的父母親不可能完全符應

生死一線牽：超越失落的關係重建

這些原型的形象，只是期待與希望卻常常讓我們盲目地相信那才是真的。因此，當我們開始以其本來的面貌承認這種關係時，我們就能夠去感激父母曾經給我們的，以及接受那些他們沒給的。

除此之外，假如你的家人不願意接受你的邀請一起面對面地談，那就考慮寫封信。這是一個不具威脅的跨出去的方式，給予接收者時間去消化內容而沒有立即回應的壓力。同時，藉由不斷地用內在溝通，你或許可以影響這個人願意和你談的接受度，以及幫助你以這個樣子把平靜安詳帶進關係中。

練習 7-3

家庭會議

當家中有人快過世了，新的責任與角色通常也會在家庭中產生。在這種結果之下，因為爭論誰付出較多的時間、精力與金錢的怨恨，可能會浮現。在家人生病期間經常召開的，以及處於哀傷的幾個月當中定期舉行的家庭會議，一起來討論與處理問題、劃分責任，以及探討彼此的新角色，都是很有用的。以下的練習將有助於使溝通管道保持暢通：

- 設定一個固定的會議時間，並且指定一個人，最好是每次不一樣的人，來控制時間並協助維持討論就緒。
- 用一個「說話棒」（talking stick），可以是一個棒子、

石頭、一朵花或其他東西，依序輪流傳給每個人，不管誰握著「說話棒」，都可以不受打擾地說，而其他人則完全專心聽。如此每個人都可以接續上一次會議中他或她所停留的地方，再跟著繼續討論下去。

- 延續著上次會議中所討論的議題，哪些決定已經實現了，而哪些還沒有？關於所討論的議題，是否還有一些未解決的情緒呢？
- 寫下目前所關心的議題。
- 腦力激盪出可能的解決方式與策略。在此階段中，很重要的是不要去編輯或評判任何想法，把所有意見寫下來。
- 對每項議題大家只贊同採取一個策略，並且分派每個人為了達到這些工作所要分擔的責任。
- 以圓圈的方式進行，使每個人可以對每位家人所提供的意見表達感激或讚美。
- 設定下次會議的日期，然後以一個祈禱、祝福之詞、詩或歌來結束此次會議，家人可以輪流帶來如何結束會議的點子。

一個家人的臨終會給家庭加諸相當大的壓力，雖然通常是不被預期的，不過歧見與爭吵都是常見的。當外在溝通破裂時，你可以使用你的想像，在一個治療的地方與那個家人會面，並且討論那些正在困擾著相互之間關係的議題。內在溝通技巧可以幫助

你處理困難的議題並且治療舊的傷痛，當你的想像強化時，將增加你把自己置身於他人的想法和感受之中的能力；也藉此增進對歧見的理解與尊重，並且培育在家庭中清晰的、有效的外在溝通。

第七章　一個死亡事件之後的家庭溝通

生死一線牽：超越失落的關係重建

第八章

和伴侶重建關係

除了內心情感的純潔與想像中的真實外，我什麼也沒確定。

約翰・濟慈（John Keats）

一個家人的疾病與瀕死，也會對一個婚姻或伴侶關係帶來巨大的緊張氣氛，引發新的對時間、注意力與金錢的要求。當另一半正忙著照顧臨終者時，另一位可能覺得非常被冷落遺棄與置身度外；而在回應上，這位正在忙的配偶可能覺得所做的努力與所做的事都不被支持與被誤解。當家人過世了，雖然兩人現在都希望釋放在婚姻中的緊繃關係，但很可能又發現另一串的壓力已經出現了。正如我前面已呈現的，處於哀傷中是一個強烈情緒化的、不穩定的時期。在長期照顧一位臨終家人之後的身心俱疲之下，這位哀傷者可能又有一個新增的壓力要去照顧其他也在哀傷中的遺族家人呢！但對這位負責照顧的配偶而言，經常是所剩精力無幾。

尤有甚者，那位覺得是「旁觀者」的配偶可能會受不了這位伴侶強烈的悲傷氣氛，特別是如果他／她尚未有喪親之悲慟經驗時，可能就會怎麼樣也無法了解這種哀傷經驗的強烈情緒。沒有感到哀傷的配偶可能看到令人困惑的──甚至令人擔心的──這個哀傷中的配偶改變之快速，並且質問：「這個人是誰啊？怎麼像一個陌生人了，一點不像那個和我結婚的人了！」然而，一位配偶的改變必然會影響兩人的關係，不管另一位是否願意承擔這些改變。可以理解地，這種需要在改變中共處的情況，可能引發另一位配偶的埋怨。

當兩個人都處於哀傷中，似乎事情就比較容易了；因為都是站在同樣的立場，但事實上也不見得就沒事了。例如，一個配偶正在哀悼一位至愛的婆婆（或丈母娘）或公公（或岳父）的過

世，其悲傷可能一樣，甚至更嚴重於那一個喪親的配偶呢！然而，前者的悲傷並不被後者或其他家人認為會有那麼重要。失去一個手足或某位雙親的配偶可能會埋怨另一半也在哀傷，而沒有提供所需要的支持。

如果是失去一個小孩，對父母以及婚姻關係會產生難以置信的劇烈壓力。當父母奮鬥於處理複雜的議題時，悲傷症狀通常會更強烈也持續得更久：他們因為失去了身為父母的認同而失去了部分的自己，對未來的夢想隨之破滅，生命中「生老病死」的自然順序被攪動了，而且通常他們會被未能保護這個小孩的罪惡感與憤怒所困。偏偏就是當父母各自需要另一方的支持時，卻又各自在哀傷中，無法提供相互的支持。雖然，親密通常是婚姻中的力量，但在失去一個孩子之後，實際上可能也是一種負擔。處於悲傷中的人很容易把憤怒和罪惡感轉移到最親近的人身上，通常其配偶就是接收這種情緒的人。

對配偶中的任何一個而言，要抽離出一些單獨的時間來治療傷痛、反省，或只是從悲傷中稍歇一會兒，似乎都很困難。如果其中一位希望配偶用一定的方式來哀傷，那可能會產生另一種緊張關係。父親和母親的悲傷方式經常是不一樣的，每一位父親或母親和小孩之間有其獨特的關係，因此其悲傷的方式自然也各有不同。

除上所述，配偶之間也會因為文化差異、家庭狀況，以及出生順序之不同，對壓力的處理方式也因之有所不同。因此死亡的各種影響不斷地衍生出來，兩人之間的歧見也就很常見了。

遭逢家庭失落期間，配偶雙方更常傾向於忽視而非重視壓力在兩人關係中的擴散程度。他們甚至可能不會承認不斷升高的爭吵或緊張，有其來自於悲傷的潛在來源！尤其在疾病與瀕死剛過的立即危機後的幾個月內，更是特別真切。在那些時刻，正處於悲傷中的人經常從配偶、朋友及其他家人那兒，感受到期許他們要「趕快好轉」以及快點繼續原來生活的壓力。因此這種哀傷的過程不斷地重演，乃至於動搖了配偶關係以及產生緊張的變化。

活過騷亂

在回應悲傷者的改變時，很多原本關係較親密的配偶可能會預期要經歷一段騷亂的局面。如同在這段期間的其他生活領域一樣，一些在表面下逐漸積累、呼之欲出的爭論議題可能隨時會爆發出來；幾年來所容忍的妥協可能突然變得不堪忍受了。配偶兩人可能會逐漸看清關係中不健康的模式，而且特別是那個在哀傷中的另一半可能會比以往更不能忍受這些模式。有些婚姻（或同居關係）在新的壓力升起之下，變得疏離與破裂。很多我的當事人很確定在這種重大與困難的生命事件中缺乏配偶的支持，是他們決定終止一段婚姻或關係的主要因素。

如果一個婚姻或一段關係在這困難時刻中要繼續維持下去，那麼溝通就很重要了。正如莉雅娜和她丈夫一樣，很多配偶發現在這個特別的時刻，他們最需要這麼做，卻無法做到的，就是用有意義的和支持的方式來交談、互動。在關係初建時，大多數的

配偶覺得他們可以自在與誠實地和另一半說話；然而，日積月累的傷害與誤會，以及不切實際的期望，卻帶來許多失望。處在這麼多瀕臨危機的情況，配偶之間傾向於隱藏他們的脆弱與需求，偽裝他們的怒氣以及避免討論敏感的話題。未表達的情緒日後可能會以扭曲的方式來表達；例如，怒氣的爆發、不斷重演的爭辯，以及嘲諷與輕蔑的批評等等，當配偶中的一方或雙方都兀自在哀傷中，卻毫不顧慮到另一半需要了解與支持時，這種溝通的崩潰就變得更加危急了。

　　仍然可喜的是，內在的溝通技術在突破這個有害的溝通形式，以及修復那些正在影響兩人關係的陳年舊傷時，會是非常有效的。第六章的想像練習在這種情況下仍然很有用；其他如「寫信」——你寫信給配偶並且自做回應，這些都不需要將信「寄出去」，是一種度過困難情緒而不需面對面的溝通方式。我建議使用約翰‧葛瑞（John Gray）在《男女大不同：如何讓火星男人與金星女人相愛無礙》（*Men Are from Mars, Women Are* form *Venus*）＊書中建議的形式，亦即先寫封「情書」（Love Letter），表達對你們關係的愛意、氣憤、傷心與後悔等諸種情緒，用好像你的配偶已敞開心胸傾聽你的方式來寫；再來，寫封「回信」（Response Letter），從配偶的觀點來寫的回信，用開誠佈公的、了解與支持的方式，把任何你盼望從配偶那兒聽到的話，都寫在信裡頭。寫這些信將讓你有表達所想的、所感覺的與所想要

＊　譯註：中文版由蘇晴譯，生活潛能出版。

的機會；因為你也將寫封給自己的回函，所以你也學會如何傾聽自己。一旦你不僅可以公開與坦誠地表達自己，而且也重視這個表達，你就會更覺得似乎已受到另一半的傾聽與支持了。雖然在練習中並沒有這麼要求，但或許你可以真的和另一半分享這些信，以幫助他／她更了解你的需求。

一旦你說出未表達的情緒以及得到更多的了解與同情，然後兩人真的交換寫信，可能會對重建信賴與親密有所助益。寫信並且真的傳送給另一半，可以幫助雙方用安全的方式去探索與表達感情與關懷；收信則幫助兩人去接收與沉思對方的關心，而沒有必須立即回應的壓力。這種方式會促使另一半做必須的回饋，並指出哪裡需要改變，兩人都可以去讀和反省自己和對方所寫的內容，知道什麼對另一半是重要的，以及決定自己為支持他／她可以做些什麼。

接下來的練習是針對伴侶雙方所設計的。

練習 8-1

寫封表達悲傷的信給你的配偶／伴侶

寫封信給你的配偶，重點放在悲傷如何影響與改變兩人的伴侶關係。到各自的房間裡寫你們的信，盡你們所能地誠實與包容，焦點集中在你們的感受與關切上。

如果你是那位哀傷中的另一半，寫有關於你的哀傷經驗：

- 什麼對你是很困難的？
- 你害怕什麼？
- 你曾經感激另一半什麼？
- 你曾怨恨或後悔什麼？
- 你想從另一半那兒得到什麼？
- 你覺得你的另一半有支持你嗎？
- 如果沒有，他／她可以做什麼來更加支持你呢？
- 有沒有什麼新的領悟或了解從你的悲傷中產生呢？
- 你現在更清楚看到關係中哪些相處模式呢？
- 你想在兩人的關係中做什麼改變呢？

如果你不是那位處於哀傷中的另一半，寫有關如何和那位哀傷者共處的經驗：

- 什麼對你是很困難或很有挑戰性的？
- 你對在伴侶身上所見到的改變感覺如何？
- 你是否已覺得被冷落或遺棄了呢？
- 你是否感受到另一半感激你支持他／她度過危機的努力呢？
- 你現在感激、害怕或後悔什麼嗎？
- 你想要另一半做什麼呢？
- 你對未來的看法是什麼呢？

上述兩種情況，都要用好像另一半以充滿愛意與理解來傾聽的方式去寫，勇於嘗試分享你平常緊守而未表達出來的感情與想法，試著專注於你自己的經驗而非責備或批評另一半。

當你們都各自寫完信了，就相互交換信件。花些時間讀一讀對方的信，省思一下所表達出來的；你們也可以寫封回信或一起坐下來談談你們的反應。

一旦你已經用這種態度寫過信了，評估自己和伴侶當面談一談的準備度，正如你和有血緣關係的家人溝通時一樣。

- 我可以誠實地說以及尊重地傾聽了嗎？
- 我可以了解別人的觀點了嗎？
- 我是否對我信中所提出的議題仍然感到不安呢？
- 我是否很清楚知道自己在關係中要的是什麼呢？

在莉雅娜父親過世後的六個月，她和提姆的婚姻處於一年的冷漠、缺乏溝通，以及混亂的情緒之中。在莉雅娜的父親過世的前一年裡，她必須經常出門去照顧父親；即使提姆明白莉雅娜對她父親的關心，他仍然覺得自己被推開與遺棄了。他期待婚姻關係在岳父過世之後就能恢復正常的希望並沒有實現，莉雅娜的悲傷似乎不停地繼續著，而且悲傷的強度時常讓提姆喘不過氣來。而另一方面，莉雅娜則覺得孤獨與不受支持，每次當她想要和提姆談談她關切的事情時，討論通常是在爭吵中結束，兩人都沒有

感受到被了解或傾聽。為了要重建兩人之間的溝通，莉雅娜與提姆同意寫信給對方。

在交換雙方所寫的信之後，提姆和莉雅娜覺得有更多的理解。提姆知道他要做的就是傾聽她，而不必要「讓妻子覺得好過些」，對他而言簡直是太意外了。莉雅娜寫了信之後，領悟到她一直體驗到被父親遺棄而現在被先生遺棄的相同感受，這讓她懷疑一些目前的憤怒與失望，莫非是青少年時期和父親關係的一個未了的情結。為了進一步探索這個可能性，莉雅娜決定用內在溝通（見第四章）的方式來處理和父親之間的關係。幾個禮拜之後，提姆和莉雅娜覺得已經準備好要坐下來，一起談談以前彼此都避免去談的議題。這次他們都能夠說出對目前兩人關係的擔心，以及能夠很尊重地傾聽對方。他們這種持續了好幾個月的對話，豐富了兩人的關係，也幫助他們成為更成熟的婚姻伙伴。

哀悼期間很重要的部分是每週定期的談話，在當中兩個人都可以說出關切、怨恨和感激；討論什麼行得通，什麼又行不通，並且探討解決之道。這種談話可以建立親密感，提供兩人去探索創意解決新的要求與問題的空間，也能避免埋怨的擴大。在《重新做人》一書中，維吉尼亞・薩堤爾寫道：「一旦人們出生來到這個世間，溝通就是決定他／她和別人建立何種關係以及彼此之間會發生什麼的最大的單一因素。」（Satir, p. 51）

藉由所愛的人之死，很多和生命意義有關的議題可能會突然地引入日常生活中。諸如：要死於安詳必須做些什麼；是什麼帶給生命目的與意義；你心中潛藏著什麼希望、恐懼以及夢想；充

實與真誠地活著是指什麼？如何和永恆不朽產生關聯？哲學家尼采（Friedrich Nietzsche）宣稱，婚姻是一個最重要的對話（Nietzsche, p. 59）。雖然失落常會以突然與無預期的方式給伴侶關係帶來巨大的壓力，然而，也因為必須面對與回應這些重大的壓力，而開啟一個可以更新與加深兩人關係以及豐富彼此的對話。

花足夠的時間在自己身上也是同等重要的，有一個可行之道，如同我先前所討論的，就是為自己布置一個庇靜所，讓你自己可以在那兒悲傷、沉思然後再出發。你的庇靜所可以在家裡、在戶外大自然裡，或任何可以讓你在那兒完全敞開心靈、面對悲傷至少每天十五分鐘的地方。這是一個給你自己滋養、愛、鼓勵與呵護的時間，也是一個去探索與表達正在浮現的感受與想法、解決和已逝者之間的未完結事情的時間，以及去繼續處理浮現於和你的伴侶以及其他家人之間爭論議題的時刻。

我在我的庇靜所中，靜坐、祈禱、寫日誌、記錄我的夢、哭泣，或只是坐著注視我父親的遺照。這個地方變成如同是我憂傷時讓我棲身、安住的子宮，一個我可以擁抱痛苦，以及感謝在生命變遷中帶給我力量與影響的避難所。經由每天抽出一些時段來全神專注於我的悲傷，我變得比較能夠陪伴在我丈夫身邊，而非退縮於自己的悲傷桎梏中。看到我主動地照顧自己了，他覺得比較沒有壓力地來協助我處理我的悲傷，反而因此更能陪我、關心我。有些夜裡我哭著入睡，他會只是緊緊地抱著我，而不需要去說什麼來讓我覺得好些。很多人會抱怨他們的另一半就是不能在

痛苦中陪伴著，他們只是想要「處理」問題，而不關心人的感受。我鼓勵我的當事人和另一半溝通，而這就是在所愛的他／她正在哭泣或感到悲傷時，能夠與其同在、隨時陪伴在側的方式，其實這就足夠了！

死亡的正面影響

一個所愛的人死了之後，配偶之間似乎會更認真地看待婚姻；他們能以明確的方式了解到，時間是有時而窮、生命是短暫珍貴，而愛是比任何事物都來得重要。

克力司和芮貝卡的父親都死於突然的心臟病發，芮貝卡的父親比克力司的父親早走兩年。這種情況通常是第一個死亡失落對他們的婚姻帶來的衝擊較為艱辛，因為克力司並不怎麼了解芮貝卡正在經歷些什麼；而在第二次的死亡事件中，他們分享失落的經驗使他們更加親近，並且幫助他們化解先前的誤會。以下是克力司說明深刻與具建設性的內在改變：

我和芮貝卡經歷了兩件我生命中重大的事件：一是我父親的過世以及戒酒。我不知道如果沒有她，要我自己去應付這兩件事情會變得怎麼樣。在最艱難的時刻，我都會想到如果沒有她，我將無法應付這些；但是在我情況較好的時刻，我就想到有人可以幫我一起處理這些事情，是多麼幸運與有福氣啊！在我們各

自的父親過世時，也就是我們的人生責任向上晉升加重的開始。我們不再是小孩，而是我們父母的後代了。中年的這一代必須照顧長輩與晚輩，對我而言是跨越過一個關卡。當她的父親死了，我第一次了解到人們為什麼要有小孩的其中一個理由，我突然領悟到如果沒有小孩會是多麼孤獨。

克力司和芮貝卡都感激這個事實，亦即在面對一個雙親過世時，另一半的同理與支持是多麼珍貴無價，他們都表達出相信對方未來都能為彼此付出的信任。每對配偶都會懷疑另一半在重大的危機時刻，是否真的會同舟共濟，而某位雙親之死可以是這個問題的第一個重大考驗。假如另一半「真的」通過這個考驗，就會在兩人關係中注入極大的信心，這將幫助兩人攜手共度中年期諸多的挑戰與失落。

以這樣的覺醒，很多人開始準備好要一起挑戰那些會把他們從想要、也該有的相愛與支持的關係中絆住的任何情況。羅蘋父母的死，促使她重新評估她對婚姻與關係的了解，原來大部分是遺傳自她父母的見解。

這不只是埋葬兩位曾經養育我、保護我，以及在我駐足人間的每次呼吸中陪伴我的人而已，這也是埋葬我的童年。埋葬了和曾在我身上留下記錄的人相連一起的感覺，也埋葬了我父母的婚姻。我父母親的死

幫助我以獨立的個體來看待他們，他們是如何相互關聯在一起，我母親如何以一個婦女來看待自己，我父親又是如何看待母親是一個婦女，我開始去澄清什麼觀念是遺傳自他們，而什麼是真正我自己的。

正如羅蘋的說明所呈現的，雙親中的一位過世了，會急遽地增加對雙親的制約方式及其對自己婚姻的影響的覺知。父母的期望以及父母關係的困難及其類型，會無意識地與不知不覺地影響在自己婚姻或親密關係中形成與之類似的型態。驚醒於或清楚地看到自己如何變得很像自己的父母，會是很重大的震撼，無論是否已努力轉移到相反方向了。這種因死亡而與父母最後的分離，可以放手讓已經長大成人的孩子去挑戰雙親關係中被設定好的藍圖的制約。

蕾寫給父親的信，前面已出現過了，信中可以看得出來她和另一半共度配偶關係的方式，正如她父親生前和母親一起生活的模式：

> 父親的死讓我了解到，我是怎麼和我另一半共度的。絲毫不差地，正如我父親如何度過與我母親的關係一樣：不要搞亂變動，只是兩人平靜地共同生活在一起，但別想要求或期望些什麼。我媽媽的另一半被他的工作纏住了，我的另一半也是。

當蕾領悟到這種類型之後，她停下來自問：「這是在婚姻關係中我真正想要的嗎？」她其實想要一個很不同的關係形式，是一種她可以在其中完全表達熱情與需要、她可以在其中光彩洋溢的關係類型。她將準備藉破壞現狀來鼓動這些改變，一個使她既驚嚇又興奮的期待。

　　當你透過溝通來加深和轉變與另一半的關係時，不管是以內在或外在的方式，你會發現，一個親密關係並非僅是兩個人的組合而已，而是形成神奇的第三者的實體，一個更大於任何一個可以分割的個體，而且會邀請你們兩人一起成長並且超越你們個人極限來擴展。

對伴侶們的建言

- 重複地相互提醒，悲傷會在你們婚姻／伴侶關係中產生劇烈的壓力，不斷升高的爭吵和緊張是正常的。

- 如果你不是那位處於哀傷中的另一半，教育自己去了解有關另一半正在如何克服哀傷的知識：從和別人討論悲傷、閱讀以及聽有關的錄音帶，盡你所能去學習有關悲傷的本質與時機，了解人們用不同的方式來哀悼。

- 主動地投入彼此的溝通，設定不受干擾的特定時間來談，探討你們正在如何相互支持對方，彼此需要

從對方那兒得到什麼，以及悲傷正在如何影響兩人的關係。相互寫封「悲傷中的信」（Grief Letter）是有助益的（見練習8-1）。

- 如果兩人之間的溝通破裂，或假如你覺得心情太脆弱、太雜亂了，以至於無法直接和另一半溝通，考慮用內在的心靈溝通技術，例如第六章所述的「想像練習」或第四章所討論的「寫信活動」。

- 給自己有隱遁的時間而不覺得罪惡感，你需要獨自的時間去沉思和治療傷痛，你也可能需要從哀傷中稍作喘息。

- 檢視已浮出婚姻中的議題：埋怨、兩人之間的阻隔、已經變成無法忍受的妥協、來自你父母關係狀態的一些不健康的制約反應。

- 把悲傷視為一個可能會更脆弱也會是彼此更包容的機會；悲傷會打開內心的門。

- 時常檢查兩人關係中所面臨的日常失落：這些失落是否被承認、哀悼，以及統整到婚姻中了嗎？有些失落可能需要額外的治療：可能是一個流產或配偶的不貞。考慮做一個可以公開承認這個失落的儀式，以幫助你們彼此解脫；你也可能想要畫出一條「失落時間線」（loss timeline）（見第十二章），以得到一個對在關係中所出現的失落的整體了解。

- 承認悲傷會改變你和你們的關係；和另一半花時間去辨識兩人在婚姻／伴侶關係中想要什麼。

生死一線牽：超越失落的關係重建

第九章

和孩子重建關係

孩子是生命中最奧秘心靈功課的最好老師。如同快樂與歡笑，痛苦和受苦也都是生命中同等重要的部分，變動和無常才是我們可以確定的，我們並不真正在主導這場人生大戲。而且假如我們不能發掘置身於這些困難事實的成熟度，我們將因我們和孩子的生命沒有以期望或規畫的方式來運轉，而總是抑鬱寡歡。

海芮雅‧勒能（Harriet Lerner）

在一個家人生病或健康日衰的期間，家裡的孩子可能會因為他們逐漸失去注意、日常生活規律的改變、周遭大人高張的情緒，或是因為他們自己的悲傷而感到煩躁不安。他們可能會被圍繞著疾病所引起的混亂所嚇到；或者當婚姻在漸增的壓力與要求的考驗之下，引起家族中緊張的氣氛，而倍感威脅。

和我的兒子談論死亡

在獲知父親癌症的消息之後，我兒子很快就反應出來了。我變得愈專注在父親身上，他叫喊得更大聲以及試探得更多。為了替父親保密，我並沒有對我兒子提及他外公的病情，而只和我先生討論。然而因為和兒子之間不斷升高的窘境，我領悟到我不能以父親的規定來限制我的家人。我，和很多必須應付一個至親疾病壓力的人一樣，已經跌回我兒時學到的不健康的類型中。我父母處理他們危機的方法，對我的家庭而言並不是健康的，父親得到癌症的秘密在我內心發作腐蝕著，而我兒子以孩童的敏銳直覺感覺到了。榮格寫道：「參與的神秘儀式（participation mystique），就是兒童和其父母之間的原始的、潛意識的認同，引起兒童感覺父母的衝突，從父母的困擾中受苦就如同是他們自己的一樣；要去揭開那已經產生有害影響的明顯困難之衝突，幾乎是不可能的，而那也總是被父母親所壓抑與忽視的一種不協調。」（Wickes, p. 36）

於是我開始和兒子談論我父親的病情，這種情況下，我兒子

對我的傷心的反應更甚於對外公的生病，看到外公沒有什麼身體上的改變，癌症對他似乎還不是真的。我也告訴了一些較親近的朋友有關父親的病情，我覺得輕鬆多了，而我兒子也平靜下來了。

我知道未來的路會很艱難，但是現在我覺得會有家人與朋友的支持；特別是，在說出我自己已經承認的事情，這是我生命中多麼重大的一件事啊！賦予我生命的兩人中的一個，正在瀕臨死亡，在我內在產生極大的轉變。突然間，在我和死亡之間已無任何緩衝了，我也緊臨了。而這也迫使我去評估生命中真正要緊的是什麼？我看到當父親的生命即將結束時，什麼對他是重要的：他一直為他的工作而活，但是現在所有的成就、金錢以及榮譽獎章等等，似乎對他已毫不重要了，只有愛留下來。我感到對家人與所愛的人一種全新的感激，領悟到即使只是和他們在一起的時刻，都是那麼珍貴無價。

理察‧拜耳德（Richard Byrd）覺得自己在南極將不久人世時，就寫了封信給家人：「我看到我一生的回顧，明白了我對價值的感覺一直是多麼的錯誤，而且我竟然未能把單純的、家庭的、生命中毫不虛假的東西看成是最重要的……對一個男人而言，只有兩件事是重要的，那就是家人的感情與了解。此外任何他所創造出來的東西都不是真實的，只有家才是永久的停靠站。」（Byrd, pp. 178-179）

失去一個所愛的人可以加深父母對孩子的欣賞——即使是當他們認為要比他們所做的還要更加去珍愛孩子，已經是不太可能的，但是他們往往做到了。很多經歷失落的父母，不僅從今以後

更加珍惜和孩子相處的時間，而且也覺得有一種要改進親職品質的急迫感。我的一個當事人在他母親過世後六個月告訴我：「我和小孩的關係對我是如此重要……現在我領悟到和他們在一起的時間將過得多麼快，我感到一種強烈的承諾要花更多有品質的時間來陪他們，把他們視為一個獨立的個體來欣賞他們，以及去修復在親子關係中因為我自己的訓練方式與忽視而造成的傷痕，我已經看到所有我教養他們的方式是在隔離而不是讓我們更親近。」

在悲傷與親職中取得平衡

即使有這種察覺，我仍然經常陷入精疲力竭中，因而無法用我自己想要的方式來照顧家人與出現在他們面前。在家人的要求中去建立一些重新再造自己的方式，變成是很要緊的工作。正如我先前討論過的，我布置一個庇靜所，在那兒我可以去沉思、哀傷，以及重新出發。當我每天使用這個寧靜安詳的地方，我覺得比較是準備好了再踏入家庭與這個世界的步調中。藉由每天中即使是很短的時段來專注於我的悲傷，我更能夠出現在我的家人、當事人以及朋友面前，我可以從事日常生活瑣事與投入承諾，而不會分心或感到喘不過氣來。有時雖然內在生命是如此紛擾不安與不可預測的，但事實上去參與日常工作時，還是令人寬慰的。

我兒子對我的這種改變回應得很好，他對我易受傷的情緒狀態覺得較不具威脅性了。他表達出對外公病情的關切，也會問很多問題；他了解到我也可能會生病和死去，我們在睡前的安靜時

間裡有很多這種談論。

幫助我們的孩子哀悼

　　一旦我們仍然能在自己的哀傷中穩健地生活，似乎就比較不會因為我們的悲傷而把孩子壓得喘不過氣，我們也較能為孩子與為他們的關切而出現在他們面前。因為處於哀悼之中，對小孩子來講往往是一個令人困惑甚至嚇人的時刻。有些人是遭逢第一次經歷所愛之人的死，因此要允許小孩子去哀傷，以及讓他們對哀悼中可能會經歷的事情先有所準備。他們需要知道他們可能會覺得難過一陣子，幫助孩子用他們自己自然而安全的方式來表達感受，例如可以透過遊戲。去和他們談談家中正發生些什麼事，要對他們的疑問和關切有所回應，這些都是很重要的；還有，去讓他們對改變有所準備：不管是在日常瑣事裡、在他們父母的情緒狀態中，抑或是在病情的發展當中。

　　我告訴兒子因為我父親正面臨死亡，所以我會覺得非常雜亂與情緒化，好讓我兒子知道他可能會看到我經常表達強烈的情緒。我讓他知道，當我哭的時候是沒事的，而且哭泣也幫助我治療。我要他如果有任何覺得不舒服的時候，都要讓我知道。每次去看他外公時，我也會事先告訴他外公可預期的改變，那時候我父親在住院期間病情正急速地惡化。

　　醫院離我家有兩小時車程，雖然我已盡可能經常去看父親，但是仍然很想要多陪他些時間，我知道和父親在一起的時間已經

所剩無幾了。當母親處於為父親每天的醫療決定的極大壓力下，又必須在醫院守夜陪伴時，我也很想多給她支持與協助。然而，因為我丈夫必須通勤工作，除了心理治療執業工作外，我承擔起照顧兒子的主要責任，在非假日期間去醫院，就牽涉到得安頓好我兒子，以及和當事人改約時間等很複雜的安排。我覺得是被拉到父親那兒陪他，而沒有我想要的有反應、緩衝的彈性。

在週末，我通常是和先生一起去醫院，我很感激他一路長途開車的支持與陪伴，尤其是回程中我變得非常情緒化。每次離開醫院時，知道這都可能是見我父親的最後一次面，就不禁悲從中來，淚流滿面。

我們讓兒子自己選擇要不要去醫院探病，並且事先告訴他自從上次探病後到現在可能會看到的外公的變化等等。在第一個週末，我兒子回答：「不要，我不想去，我想那一定會很難過。」那天他就去看另一對祖父母；但隔天他就要求要去看外公了。

當他進到醫院病房時，他的活力與精力和醫院的沉悶呆板形成尖銳的對比。他第一次被他外公的樣子嚇了一跳：眼睛睜不開也看不見了、沒刮鬍子的蒼白雙頰，以及刺耳的急促呼吸聲。他看著我們以求確認地說：「外公看起來好老！」看到我們沒有警告他而是接受這種情況，他開始探問：「假如我和外公說話，他可不可以聽得到啊？」我告訴他，我們並不知道人們在昏迷中會經歷些什麼，但是他很有可能仍然對聲音有些知覺。我兒子趨前告訴他外公所有今天發生的事情，然後檢視他身上連接的設備，問了護士很多問題。

回來時，他告訴我他很高興去看了外公，那天晚上他畫了一張醫院景象的畫，他教我畫床上的外公，而他則畫圍繞在側的家人。然後，他在天花板附近畫了電波線條的形狀，他說：「這是外公的靈魂，正往下看每件事物。」

把死亡的真實性帶回家庭中

當孩子表達意願時，帶他們到醫院、到臨終病房去，是很重要的；花時間處理他們的疑問，並且鼓勵他們對死亡的探討，也是很重要的。我們每個人對死亡都有自己的想法，但是承認沒有人真正知道死後是怎麼一回事，並且容許兒童去探索他們自己的想法，則是很有助益的。兒童的新鮮觀點對每個人而言會是一種學習，死亡需要被帶回家裡，莊重而自然地討論。

在科技革命之前，人們通常死於家裡，由家人及家庭醫師來照護，而他們也同樣照護家裡剛出生的嬰兒，出生與死亡都是在家裡自然度過的。過去死亡被接受為生命循環的一部分，兒童有機會去接觸與死亡有關的名詞，他們也參與臨終者的照顧，也有機會看到死者的遺體，死亡並非是一個陌生人。但是，當人們開始在醫院臨終時，這種情況就劇烈地改變了，臨終再也不是家庭生活中的一個統整部分了。

我的一些當事人在兒童時期失去雙親或祖父母中的某一位，他們吐露了有關那時大人們多麼努力嘗試去保護他們免於接觸瀕死與死亡的事實，但是這些往往只會引起更多的焦慮與困惑而

已。即使是他們自己主動要求，許多兒童仍不被允許踏進病房或見一見遺體。討論死亡向來不被鼓勵，在某些情況下，兒童被迅速地帶離開到別的地方去。在被保護之下遠離死亡與悲傷，使得兒童往往沒有機會去克服他們的情緒，或者無法把死亡視為生命自然循環中的一部分。

儘管我想要盡心盡力全程陪著父親，但父親過世時我並沒有在他身邊；那時候又處於為人母的義務與責任之中，難免心有餘而力不足，這個遺憾對我似乎意義深重。當時我正在等牙醫來補兒子嘴裡突然冒出的七顆蛀牙，令我變得很不耐煩的是，在父親臨終的當兒，我卻要為這件事等這麼久。我很希望能在家裡靜坐和祈禱，我曾經在我的庇靜所裡覺得比在病房中更貼近父親，尤其是有一次當他陷入昏迷的時候；我閉上雙眼，似乎可以透過心靈與他交談，或者在內在心靈世界中看到他清晰的影像。

接到母親的電話告訴我，父親剛在她懷裡過世了，我陷入一種更深層次的悲傷中，這個結局真是令人驚嚇；我再也無法看到父親了，我的心有時覺得好像被痛楚剖開了一樣。我覺得充滿哀慟與疑惑，然而也同時充滿了欣喜與感激。我從來沒有覺得這樣孤獨——或者這麼成長！我已經變成另一個不一樣的婦人，一個沒了父親的婦人了！在生我兒子的分娩過程中，我曾發現一種「在我自己裡」的力量泉源，那超越我先前的觀念；父親死後，在我自己內在的婦人，也以全新的自由走出來，去展現那個內在力量，以及擔負起我自己的親職與人生。

失親哀慟的時期，可以是一個人從此必須把親職帶入全靠自

己的階段；檢視以往的親職工作是多麼受自己雙親的建議與安排所影響，現在這些父母親們終於可以開始以自己的價值觀與標準來重新定義自己的親職方式。

放下吧

親職是一種微妙地遊走在親密的聯繫與分離之中，從失去一位家人的反應中，我們可能想要更緊抱我們的孩子。然而，就如同我們放手讓過世的親人過去了一樣，我們也必須學習多讓自己的孩子也放膽去做。記起我們自己也曾努力於爭脫父母追求獨立，我們也可以欣賞孩子同樣地奮鬥於脫離我們，我們必須放下，他們才會變成他們自己。

生命中自然的發展協助這個「放下」的過程，失去一個家人可以幫助我們把一個小孩當做一個獨立的個體來看待與尊重，而不再把他／她當做是我們自己或家庭的延伸。很多父母不自覺地把自己的企圖或夢想加諸於孩子身上，這就是榮格所寫的，雙親不在了的生活反而是孩子最大的負荷的原因。然而，覺醒到個人自己的生活，常典型地發生在失去一位父親或母親時，這種情況下才能真正放手讓做孩子的成為他們自己，以及去探索他們自己獨特的人生道路。

想想賈桂琳，從她女兒出生的那一刻，就開始與女兒的活潑本質奮戰著。賈桂琳自己從小就被制約成要做一個「乖女孩」，而她也不自覺地希望她那非常好動的女兒也要確守這些原則。但

她母親過世後，賈桂琳覺得可以無拘束地探索她「自己的」活潑個性，也因此變得能尊重、欣賞女兒與生俱來的特質。這改變了她和女兒的關係，突然間，她可以輕鬆以對並且喜愛女兒了：

> 整個家庭星座以一個不同的方式轉移，我父母要孩子乖巧的迷思：不要問太多，期望最好的；如果得不到就只能私下暗暗地生氣……這些都轉變了，現在已有重寫故事的空間了……。表現乖巧已不再是我女兒的一個奮戰，過去從來不是，未來也絕對不會了。我母親試著要馴服我的活潑，然而事實上我不是一個頭上綁著蝴蝶結的柔順小女孩，而我也做不來，我的女兒也不會，我可以更加實現我和女兒的優點了。

整合事實

正因一個家人之死可以影響父母對小孩的察覺，因此也會改變孩子對生命和死亡的觀點。當這種情況發生時，很重要的是，親子關係要作為小孩子可以探索與整合新醒覺的心靈依靠。當孩子看到家人的過世或雙親在哀傷中，他們可能會覺得驚恐於預見其他家人終有一天也會死的事實。一個四歲女孩目睹她父親與一位家族友人的死，問道：「為什麼會有這麼多死亡？我會不會死？你呢？」去傾聽你孩子的關切以及花時間去探討他們的問題，是很重要的。

兒童第一次被暴露在死亡的情境時，在他／她努力去統整一個所愛的人真的已經死了的知覺當中，常會伴隨著一陣子的麻木與不穩定。生命脆弱的覺醒與死亡的必然性，可以促使父母去欣賞和孩子的關係，而孩子也會去感激和父母的關係，甚至比以往還更加感激與珍惜。

　　較小的孩子通常很難向他們的父母表達，某個親近的人死了是如何困擾著他們，練習 9-1 讓孩子有機會以象徵性的語言來面對自己的問題，以及得到來自於他們想像中的幫助與指引。他們可以對在想像中所遇到的人與動物表達感受與關切，和這些人與動物交談，以及學習應付困擾的新方法。

童話故事

　　神話或童話故事也可用於治療成人與小孩。在《魔法的使用》（*The Uses of Enchantment*）中，布魯諾‧貝特漢（Bruno Bettlheim）寫道：「每篇神話故事都是一個反映我們內在世界某些面貌的神奇魔鏡……。對那些沉浸於神話故事中所傳達的涵義的人而言，神話故事變成一個很深的、沉靜的水池。首先似乎只映照出我們自己的形象，但是在形象背後，我們很快就發現到心靈內在的騷動：它的深層，以及如何在我們自己的內在與外在的世界中去獲得平靜的方式，這其實也是我們努力奮鬥之後的報酬。」（Bettelheim, p. 309）神話故事中的人物面對受苦、艱難、試煉、隔離、被遺棄和失落，但每個人終究會找到協助與指

導，以及找到克服層層考驗的方法，而後得到愛、快樂、智慧或財富。神話故事讓我們確信，當我們和生命中無法避免的困難奮鬥時，例如失去至愛的人，我們可以回到想像中，找到治療所需的以及繼續活下去的資源。

神話及童話故事教我們，在想像中的事物往往不是他們外表看起來的那樣：一個慈祥的外婆可能是一隻飢餓的惡狼；一隻醜青蛙可能是一位迷人的王子；一個禮物可能會是詛咒，因此，死亡也可能不是像我們想像的就是一切的結束；在很多童話故事裡，死亡並非故事的結束或生命的終止。一個人可能會在一個故事的某個段落中死了，到稍後的段落中可能又會復活。白雪公主的死受到愛她的人的哀悼，但她最後又復活了，甚至比以前更加美麗；小紅帽從大野狼的肚子跳了出來，然後變成一位成熟的仕女。經由一讀再讀這些童話故事，我們學到自己要為新的開始、不可預期的事情，以及隱藏在死亡中的轉變預做準備。

練習 9-1

編寫一個童話故事

製作一疊目錄卡片，卡片上面有地名、動物和其他生物、有魔法的象徵人物、有魔法的物體，以及人的名字（見下列所建議的名字群），然後把這些卡片朝下分類疊起來，一類放一疊。挑選一個時間，比如臨睡前，並且營造一個容易引發說故事的情

境，確定你不會被打擾，把門關起來，點一枝蠟燭，並且把特別的玩具沿著床邊擺放。請你的小孩從五疊卡片中隨機各取出一張，大聲地讀出來，然後把所抽選的卡片放在前面。

請你的小孩用這個神奇的開場白「很久很久以前……」，開始說一個以這五張卡片上的字為特徵的故事，鼓勵你的小孩以任何順序來使用這五個字，而且可以增加任何想要用的字。如果你的小孩表現出懷疑自己能否編得出故事時，很確定地告訴他／她，這種想像故事只要一開始了，就會很自然地繼續下去，所以不用擔心。

較大的小孩可能會選擇用寫的而不是大聲說出來；這種情況可以由你們其中一人讀給另一人聽。

當故事說完時，要你的小孩替故事取一個名字，也可以讓小孩自己畫上插畫，然後就變成一本小故事書了。

花些時間去想想你家小孩自編的故事，故事中的核心挑戰或考驗是什麼？所需的協助或指引是以什麼形式呈現？主角如何克服險峻，如何因這些層層考驗而變得更有能力呢？這個編造的故事是否反映出你小孩內在的衝突或焦慮呢？這個故事是否啟發新的觀點與洞察呢？你是否觀察到小孩在寫完這個故事之後有任何改變呢？你如何支持孩子從這個故事所啟發的任何成長或新的觀點呢？

- **地點**：山、雜貨市場、海、山谷、水池、湖泊、沙漠、城堡、山路、村莊、山洞、隧道、草地、樹、花園、森林、火、地牢、教堂、橋、城市、十字路口、泉水、窪

地、島嶼、天堂、河流、船、廟宇、燈塔、火山、牆壁、門、房子、泉水。

- **動物與其他生物**：烏龜、大烏鴉、小蟲、蛇、鴿、鯨、馬、魚、麻雀、鶴、駱駝、羊、鼠、貓頭鷹、青蛙、天鵝、狐狸、鱷魚、狗、貓、燕子、熊、獅子、鷹、猴子、蜜蜂、豬、海豚、孔雀、牛、野兔、公雞、狼、公牛、蝴蝶、烏鴉、大象、豹、蜘蛛、雄鹿、禿鷹、鷹。

- **有魔法的象徵**：獨角獸、龍、侏儒、巨人、仙女、小妖精、美人魚、天使、女魔法師、小矮人、妖怪、術士、預言者、仙女教母、鳳凰、半人馬、獅鷲、小精靈、巫師。

- **有魔法的物品**：蛋、黃金、大鍋、戒指、象牙、石頭、王冠、貝殼、十字架、金銀財寶、種子、鼓、星星、號角、錨、珍珠、鈴、箭、梯子、劍、玫瑰、書、斧頭、骨頭、弓、蠟燭、披風、水晶、鑽石、羽毛、火、笛子、高腳杯、聖餐杯、頭盔、藥草、寶石、鎖匙、燈、豎琴、假面具、鏡子、珍珠、繩子、面紗、三叉魚叉、雷電、聖杯、火炬、刺、月亮、太陽、線。

- **人物**：彈豎琴的人、隱士、騎士、公主、王子、皇后、國王、母親、父親、祖母、祖父、音樂家、老人、老婦人、妓女、野人、兒童、小丑、農夫、牧師、女牧師、修女、修道士、仕女、木匠、商人、女孩、男孩、海

盜、吉普賽人、傻瓜、兄弟、姊妹、處女、雙胞胎、病弱的人、朋友、孤兒、老太婆。

一個六歲的小孩，以下我將把他叫做凱西，藉由在他的「童話故事」中與哥哥的互動，表達並探索他對哥哥之死的情緒（他哥哥死於寫這故事的九個月前）。凱西的想像引導他正確地發掘未解決悲傷的來源：那在他內心已侵蝕數月的罪惡感與憤怒。即因他一直逃避談到哥哥的死，這個想像故事對凱西以及他母親來說，都象徵一個重大的突破。藉著念了這個故事，使他的媽媽能夠發現凱西如何處理他的失落。他選了下列五個字：噴泉、怪物、雙胞胎、大鍋以及鴿子，由媽媽幫他寫，他編了如下這個故事：

兄弟之愛

很久很久以前，在很遠很遠的地方，有一個城鎮，在城鎮的中央有一座噴泉，在那座噴泉地下住著一隻怪物，牠只吃小孩子，尤其是雙胞胎。

在城裡只有一對雙胞胎，名叫約翰與丹尼。約翰比較聰明，丹尼比較強壯。怪物總是想辦法要引誘這對雙胞胎站在會掉入怪物家的陷阱門上。

有一天約翰生病了，他媽媽叫丹尼出門去找藥。由於沒有約翰事先的警告，丹尼正好就站在陷阱門的

上面，怪物把他放在一個大鍋裡煮，然後吃掉了丹尼。

　　當約翰聽到丹尼死了，他拜託一隻鴿子幫助他殺掉怪物。有一天，由鴿子跟在旁邊，約翰站在陷阱門上面。當怪物要抓他時，約翰叫鴿子飛到怪物頭上轉來轉去，等鴿子停下來時，那隻怪物因為暈了，所以就向後倒下，正好掉到大鍋裡就死了。

　　這個仇恨雖然報了，但是約翰的生命仍有缺憾，他仍然想念丹尼。有一個晚上，一個神靈從天上飛下來，告訴他：「如果你讓丹尼活在心中，他就永遠不會死了！」

　　劇終。

　　在他的「童話故事」開頭，凱西讓死變成可以和他關聯起來的形式，就是「一個用陷阱、要吃雙胞胎兄弟的怪物」。然後，凱西仔細地刻劃出約翰如何精確地報復那隻怪物，雖然凱西可能眼看著哥哥病死而覺得無助；但是故事中的約翰並不是無力沒用的，他策劃一個誘拐怪物的方法，然後殺了怪物。這個具有治療性的故事幫助凱西釋放出失去哥哥的創痛、表達出對一個明確對象的憤恨，以及發現他可以讓哥哥活在心中——一個永遠不會死的地方。

對父母親的建議

- 和你的孩子溝通有關死亡與悲傷的事情，盡可能以小孩能了解的方式，誠實坦率地說。花時間回答小孩的問題，坦承自己所不懂的。同時記住，小孩會依字面斷章取義，例如，假如你告訴他祖母已經「長眠」了或者是「去長途旅行」，他可能會認為假如他去睡覺也會永遠長眠，或者祖母旅行之後會再回來。

- 要考慮小孩的發展階段。兒童不會以大人的方式來哀悼，兒童也沒有和大人相同的能力去忍受長時間的強烈痛苦；他們可能會有突發的哀傷，或延宕深層的哀慟一直到日後的發展階段。

- 假如小孩也要一起去看一個臨終家人，要先告訴他／她可能會看到什麼。如果小孩不想去，也要尊重其決定；想想其他可以和那位家人溝通的方式，例如，在心裡敘說、引導式的想像、畫一幅畫或寫封信。

- 鼓勵你的小孩去哀悼，並且讓他／她對哀傷歷程的可能經歷有所準備，例如可能會覺得難過或不快樂一陣子。邀請小孩和你分享感受與疑問，以及協助小孩用對他／她而言是自然、安全的方式來表達感

受，例如用角色扮演與想像。

- 把你的小孩列入喪禮與紀念日的參與名單中，那是他／她的權利。試著保護你的小孩免於接觸死亡與悲傷，可能會有長期持續的負面影響。然而，假如小孩不想去的話，也不要強迫他／她參加喪禮。並且，假如他／她拒絕參與喪禮儀式中的任何部分，也要尊重其決定，譬如，他／她很可能不想往棺材裡看或者是去親吻死者*。

- 好好照料與處理你自己的哀傷。你健康哀悼的模式，其示範作用遠比你所了解的還更重要，要讓孩子看到你如何在你的哀傷中照顧自己。你的小孩可能會想要幫你在你的庇靜所裡布置一個供桌，假如小孩看見你定期地利用那個心靈靜地，說不定也想自己嘗試利用那個地方，也學習、體驗你獲得寧靜、安詳以及度過哀傷的方式。

* 譯註：某些西方文化中喪禮的儀式。

第十章

和朋友們重建關係

悲傷會重寫你的通訊錄。

史蒂芬尼・艾立克遜（Stephanie Ericsson）

在一個所愛的人過世之後，友誼經常會在品質與強度，甚至在來往頻率上產生變化。因為失去了所愛的重要的人，改變了人生中的優先順序與澄清了價值觀念，通常會使人重新理解友誼的重要性，並且會為了友誼關係的品質付出更多責任；這可以導致深化某些友誼，並且也會讓某些友誼漸行漸遠，隨它而去。當一個家庭或因父母中的一個或雙親兩人，或因祖父母或手足的過世而萎縮了，剩下的家人可能會開始重新界定他們對家人的定義，可能會因而擴大到包括良師益友在內。一個新的感激也可能會因一個新生的共同感而升起。蘿蘋形容如下的經驗：

> 在我父母過世之後，我和女性朋友與男性朋友的關係開始產生改變。我拋掉不健康的關係，而其他的關係則變得更健康、更有深度。我開始更有意識地去選擇朋友。逐漸地，我想我已經離開了一堆朋友；然而，在我一生中，我從來沒有比現在更有被愛的感覺。我不久前讀到一句話：「當生命日薄西山時，我們將倚靠著愛，單獨受審。」我覺得我是如此地幸運，能夠在我生命中的寬闊白日，清楚地知道這句話的涵義，也就是愛是最重要的。我覺得更有能力去愛，不只是對別人，也包括對我自己。

轉變的時刻

　　雖然有些朋友可能在遭逢失落時期，會更以支持和了解來相待；但是，有些則會在這關鍵時期，因為受到哀悼中朋友的行為或強烈情緒的不舒服而倍感壓力，因而選擇退卻，也是很平常的。當有人說，家裡有人過世了才能顯現出誰是真正的朋友，這種說法也並非不正常。

　　就像蘿蘋一樣，賈桂琳在她父母過世之後變得更加認清、辨識她的友誼品質。但是，和蘿蘋不同的是，她覺得比較不會像從前那樣花時間在朋友身上，而是選擇多花些時間在家人與自己身上。在她生命中，這是很重大的改變，因為以前她都是把朋友擺在第一位。她告訴自己：「我沒耐心和精力去處理那些妥協屈就的友誼，我寧可自己獨處也不想去談論那些表面形式的事情。」

　　在經歷這種人生轉變以及想從友誼關係裡得到的變化之後，如果能直接對朋友說什麼是行不通的以及什麼比較適合，都是很有幫助的。太多人誤以為朋友們也會像他們一樣察覺這些友誼的變化，但是這種未經辨認的不一致，可能會導致朋友之間的誤會，剩下來的友誼將會經歷不可避免的調整。我的朋友艾琳在我知道父親得到癌症的前幾個月就搬到歐洲去了，在後來忙亂的幾個月中，我聯繫到她了；但是她正忙著安頓新家，不管我如何努力試著向她解釋我的處境，她似乎都無法理解。最後，幾近絕望地，我寫信給她並表達出我氣她在我如此重要關鍵時刻的冷漠。

她立即從德國打電話給我，也從那時開始變得比較有回應；因為艾琳自己沒有經歷過至親將死的經驗，也不曉得這會是什麼樣子。為了要從朋友那兒得到我們所希望的支持與了解，朋友們需要被教導有關死亡與瀕死在家庭中的衝擊。

在一個所愛的人過世之後，有些關鍵性的課題可能會浮現在一個友誼中，然而在悲傷中的人可能會覺得太壓迫了，以至於無法自己去探索這些課題。在這些情形下，內在溝通可以幫助解除壓力，並且提供一些解決問題的靈感，直到他／她覺得準備好去向外溝通。

有時候失去至愛的人，會覺得雜亂沒有頭緒以及太脆弱去面對被拒絕的可能。我的一個當事人葛蘿瑞雅告訴我，她在母親過世之後，便停止和朋友之間的聯繫，並且不再回朋友的電話，這是她行為上一個戲劇性的變化。而且，她對和配偶之間爆發的爭吵感到孤獨與混亂。在她母親過世之前，曾經有一個寬廣的支持網路，但是在哀悼悲傷中，卻轉回只求配偶的支持與安慰，這會對那單一的關係加諸巨大的壓力，因此爭吵就爆發了。

當我們一起探討這個情形時，葛蘿瑞亞發現她曾有對友誼的假定，但現在卻都不在她的選擇中了。她相信，假如需要向朋友傾吐焦慮與關切時，她也一樣要傾聽朋友的，這樣才算公平。在這種假定之下，使她在哀傷時刻都不敢打電話給朋友，因為處於哀傷中她已無精力再去傾聽朋友的問題了。我們提到和她的朋友一起討論這種兩難情況的可能性，而不是從朋友那兒退縮下來。非常重要的就是，千萬不要去臆測一個朋友想要或期望什麼，或

是當這麼多可以重新開始與改變的機會存在時，仍然假定可以一直用舊的模式來套住友誼。

當葛羅瑞亞檢視她的友誼關係時，她分辨出許多她想要聯繫的，其餘的她選擇不去聯絡了，因為她不確定自己是否想讓這些友誼繼續下去。她選擇在我辦公室裡練習內在溝通，去表達她對朋友在她哀悼時的反應所感到的生氣與失望，用這個方法處理舊的傷痛讓她覺得更平靜。

很多人看到所愛的人過世了，他們才開始以一種新的、明確的方式領悟到，原來朋友和家人有多麼重要，他們了解到，他們想要在生命中得到愛而不要將來在寂寞中死去。

蕾解釋她父親孤單的死，如何使她想要用分享更有意義的經驗來加深友誼：

即使我們一直都陪伴在側、撫摸他、照顧他，我父親仍然死得很寂寞，因為他一生中都很孤獨。我並不希望將來自己也會這樣，然而我卻體認到內心有一種深刻的孤獨感受。

我獨處時有自己深刻的生命體驗，然後我告訴朋友，和他們在一起時，我反而沒有感覺到深刻而有意義的經驗。因此獨處是我擁有的另一個安全閥，我想這和我缺乏信任感有關，我父親一直告訴我：「沒有人喜歡你，別人只是假裝喜歡你。」雖然這只是他自己的投射作用，但我想這句話的確影響到我，我總是

等著有人又會離我而去。

就如同蕾經驗的一樣，我們和別人的關係也會不自覺地受我們父母的評論、投射以及非語言的評斷所影響。在一位所愛的人過世了，當我們以全新澄清的見解讓我們重新檢視自己時，我們才可能開始去辨識這種投射，並且挑戰父母對我們的影響力。

總而言之，家庭中某位所愛的人過世了，會產生一個新的友誼關係或者導致舊關係破裂。注意看看蘿蘋、蕾以及葛羅瑞亞開始更認真地看待友誼，他們都能接受去深化可能會豐碩友誼的責任，而放下那些已辨識出來是枯竭與不圓滿的友誼。他們和許多人一樣，從失去所愛的人的經驗中領悟，使得他們提升同理、誠實與了解的能力，來成為別人更好的朋友。

和朋友溝通

正在哀傷時，和朋友溝通可能會是困難或緊張的，所以如果有許多溝通方式可供選擇的話，將會很有幫助。假如直接和朋友說會變得困難，可以試著寫封信；假如寫信也行不通，內在溝通技術可以幫你處理敏感的話題、表達你的感受，以及理解別人的感受。例如，你可能會想用你的想像來與朋友在一個治療悲傷的地方見面，或者展開內在的對話。

• 讓你的朋友知道你想要什麼和需要他們做什麼。給

他們一些可以幫助與支持你的建議方式：也許是帶一頓飯給你，跑跑腿做些差事，幫你捶捶背，陪你散散步，或者固定時間來看看你。如果有時想暫時退縮起來（假如你真的想的話），要很清楚地讓朋友們知道。鼓勵你的朋友自我充實有關悲傷的知識，使他們知道什麼是可預期的悲傷反應，提醒他們悲傷需要很長時間來治療。

- 如果你覺得太脆弱或太有壓力去和朋友說話，寫封信給你的朋友，敘說你需要、想要什麼，以及友誼對你的重要。辨識任何朋友所做的也正符合你的需求，例如，你的朋友可能會避免談到你的悲傷，而正好你也想這樣。

- 假如你不想面對面溝通，但仍然需要處理關係中某些未解決的議題，使用內在溝通技術，尤其是第七章中練習 7-1「和某位還健在的家人進行內在的會面」。

- 當你覺得準備好了，就和朋友談談。參考第七章練習 7-2「外在的實際會面」。事先仔細想清楚自己所關切的，使你可以辨識與承認那些因你的哀傷而導致變化的友誼。

如何支持一個在哀傷中的朋友

　　要對正在哀傷中的朋友提供更好的支持，記住使用內在溝通技術將幫助你保持和朋友的聯繫，即使他／她已經對你退卻了。你可以用意象與朋友在想像世界中會面、寫信，或展開一段對話。以下建議將幫助你把悲傷統整到日常的友誼關係中。

- 教育自己了解在哀傷中的朋友正在度過什麼狀況。閱讀有關悲傷的書，聽相關的錄音帶，和曾經哀傷過的人談談。你可以預期正在哀傷的朋友會很情緒化、混亂、靜不下來，以及不可捉摸。別期望很快會恢復常態，你的朋友可能有時要你陪著，有時又想獨處；有時想和你聊聊，有時又沉默不語，也就隨著他／她吧。

- 承認死亡及其對你朋友的影響是很重要的。接受你的朋友正處於一個轉變的狀態，假如你願意的話，心情也可以突然改變，即使是單純的聯繫也會令人窩心。表達你對明白朋友的感受與關切的興趣；記住，你不必想辦法讓朋友覺得好過些。如果朋友哭了，就盡量支持他／她；如果朋友想說說話，就仔細傾聽，以充滿信心地展現你的信任與可靠。避免給一大堆建議，即使是因為你覺得面對這麼多痛苦

可能會變得很無助，因而迫使你想這麼做。

- 在小地方幫忙。你可以帶來一頓飯與鮮花，幫忙跑跑腿、寄卡片，以及用電話定期問問朋友的情況。

- 能願意承認在這種情況下自己的無助。假如自己感受到朋友強烈的哀傷情緒而感到喘不過氣或驚嚇，也要誠懇地向朋友表達。你可能需要稍微拉回一陣子，假如是這樣，要讓朋友知道你的情形。

- 試著不要把朋友的拒絕以個人化來看待，很多正在哀悼中的人沒有精力去想要體貼或客氣點。

- 你的友誼關係可能會因為朋友的悲傷而產生變化。有些友情加深了，有些可能會疏遠。哀悼舊情誼的失落，並包容新的變化。

友誼會深深地受悲傷的影響，甚至會轉變。那些曾經失去所愛的人們，經常會覺得有必要增進他們友誼的品質，而這會導致深化**某些**而終止某些關係。正在哀傷中的人可能也會對朋友要求比較多；但是也發現，一旦悲傷時期中最折騰人的階段過去了，他們反而比較有能力付出，尤其是當被請求去支持朋友度過一個類似的人生轉捩點時。

從朋友的觀點來看，有些人可能很容易被觸發去支持一位在哀傷中的朋友；然而，有些人可能會被悲傷的強烈氣氛壓迫得喘不過來，然後不得不拉開距離。湯姆斯‧摩爾提醒我們，不管什麼情況的友誼關係都可以存在於想像中：「永恆不朽在持續的友

誼與只維持短暫的友誼中都能被感覺到，在兩個情況中，心靈所關心的都不是以字義上所謂的時間，而是從事件本身來看。假如友誼本來就是強調永恆，那麼友誼本身就永遠蘊涵在想像中，即使事實上個人的關係並不是那麼一回事。」（Moore, p. 97）

　　當失去一位所愛的人而面對我們的孤獨與有限性的時候，我們會重新改變和自己相處的方式，發現自己是誰，以及嘗試一個自我的新定義。藉由一個較清晰的自我意識以及尊重差異的溝通方式的意願，我們可以用全新的明朗來界定自己在關係中的立場，一個以自己選擇的緩急輕重與價值觀為基礎的立場。這個全新的內在與外在真實的融合，可以使我們去行動而不只是反應，因此也在我們的關係中建立真正的溝通與親密的基礎。

第十一章

治療代代相承的悲傷

在自己的想像中，我們可以搭建橋樑到達在時間與風格都離我們久遠的歷史與文化裡。即使只是在想像中，我們都可以辨識和參與在人類家庭中的隱藏社區，無論他們是在現在或永恆不朽中。

安與貝莉·尤拉諾夫（Ann and Barry Ulanov）

從小到大，我們從來沒在家裡談論過死亡，一直到我自己成為一個母親，我才領悟到這對我生命的影響。我那六歲的兒子正開始對死亡產生好奇，也不斷地問和死亡有關的問題。當他問我父親：「外公，你快死了嗎？」我父親卻板著臉敷衍他說：「當然不會！」因此有關死亡的主題也就因而被封閉了。這件事在當時也打擊了我，因為我父親正把他對死亡的否認傳給我的兒子。一年之後，我父親得到癌症即將面臨死亡，那時他仍然絕口不談他的病或臨終的事。

我開始去了解父親受祖母未解決悲傷所影響的創傷有多深。在第二次世界大戰時祖母失去了最小的兒子，她的失落消磨了她的後半輩子，並且將這種傷痛的陰影渲染給周遭的人。她持續地哀悼，心中不斷地盤旋著她與小兒子理想化的關係，沒辦法承認兒子已經戰死的事實。她身陷在悲傷的泥濘中，無法出脫，也無法正常運轉她的餘生。然而，我的父親從戰爭中毫髮未傷地歸來，卻反而遭到祖母冷漠以待。父親也是帶著失去袍澤的哀傷與親眼目睹戰爭的恐怖回家，卻得不到支持與鼓勵去談論這些痛苦經歷；除此之外，還得遭受祖母對他視而不見的痛苦。他只得把悲傷深埋在心裡，唯一的哀傷症狀是午夜驚夢襲擊睡眠多年。

當我十六歲時拜訪在紐澤西祖父母的家時，我覺得很奇怪的是，在他們舊農舍裡的老式客廳中，到處懸掛或擺著死去叔叔的照片，卻沒有一張我父親的。我祖母未解決的悲傷以及因此沒能對尚健在的人給予愛和關注，侵蝕了我父親原已動搖的自我價值感。父親一直無法去談論有關死亡與悲傷，因此也無法坦誠地回

答他六歲外孫的天真疑問。

在父親快要過世的幾個月當中，我兒子和我多次在臨睡前的聊天時，談到他對死亡的關切。我兒子理解到如果我父親快死了，那也就是有一天我也會死。有些他問我的問題都令我難以面對，例如：「如果你死了，我會發生什麼事？誰會來照顧我？我不會比你先死吧？……」等等難以回答的問題。他的眼淚牽動了我的心；然而，透過坦承兒子的恐懼、探討他的疑問，以及跟著他的探索，一起襲入死亡的神秘中，我卻因此可以看到在他身上展現出來的生命珍寶而深深感激；而且，我也從細微的跡象中發現，他開始去接受死亡也是生命循環中一個自然的部分。

我並不只是哀悼父親的死，還包括他一直壓抑著的悲傷，以及磨損我祖母的悲傷。我完全明白包圍著我的悲傷，是一個三代的悲傷治療工作。如果我未曾學過如何哀悼，我祖母與父親未解決的悲傷可能會很容易地傳給我的兒子。而且，諷刺的是，正巧我父親一直絕口不提死亡與悲傷，而今談論悲傷卻已經成為統整我的工作和生命的部分；我必須為所有無言的世代，也為我們過去經歷的死亡與悲傷事件的沉默悲慟所受的傷害，來發言、出聲！

我變得愈加確定，有些人真的會不知不覺地背負著過去世代累積的未處理的悲傷，他們大都不會覺知到這種遠因，一直到我與他們探索其家族歷史時才猛然發現。當我聽到有些人曾經失去一個小孩、手足或雙親，卻從來沒有為那個失落而悲傷，我馬上聯想到這個人可能正在背負承襲自某位雙親、祖父母甚或曾祖父母的悲傷。

瑪希雅因流產，數月後來找我諮詢協助，她無法理解為何這段時間以來，她仍然無法得到情緒上的復原；不僅如此，她的沮喪還更嚴重，這嚇著了她。探討了幾個和她母親有關的惱人的夢，瑪希雅告訴我，她母親在確定懷了她的前幾個月，因一次車禍而失去了五歲的女兒，她母親在懷孕期間都很抑鬱寡歡，但是又相信肚子裡的小孩將再次使她的生命值得再活一次。她母親試著把心思專注於正在肚中成長的小嬰兒，卻沒有為失去一個小孩的失落而經歷哀傷。

瑪希雅很有可能是在母親子宮裡就吸收了母親未解決的悲傷，嬰兒與兒童尤其很容易吸收到他們父母的內在衝突。如同法蘭西斯・韋克斯（Frances Wicks）在她的經典之作《兒童期的內在世界》（*The Inner World of Childhood*）中剴切地強調：「我已深知許多個案在其兒童時期就被迫去承受祖先的罪惡，不是因為遺傳，而是透過投射或認同過程，先靈的思想、情緒已緊繫在他們內心之中。」（Wickes, p. 34）在她的兒童期期間，瑪希雅一直非常黏著母親，而且隨時準備去回應她母親的需求。韋克斯闡釋，經常是最受寵愛的孩子會承受最多來自於某位雙親的未解決衝突或悲傷之苦，因為這個小孩的潛意識已被帶進一個該事件與其雙親的密切關係之中。這對瑪希雅而言是非常真切的，她就是那個唯一的、受寵的孩子。

當瑪希雅十五歲時，她的父親過世了，留下因悲傷而六神無主、失去能力的母親，這些積累的喪女與喪夫的哀慟，已經擊破她的應付機制。她的母親不停地提起她死去的丈夫和女兒，而似

生死一線牽：超越失落的關係重建

乎無法去注意其他家人的需求。瑪希雅須獨自勇敢地奮鬥於把這個家維繫起來，甚至於在她結婚之後，直到因流產引發的悲慟使她陷入憂鬱的深淵之中。在我們會談期間，瑪希雅必須從她母親的悲傷中抽離出她自己的，她也發現必須在情緒上脫離她的母親。她學習如何保護自己免於受她母親痛苦情緒之累，如何去辨識她自己的情緒，如何去哀悼她的失落（尤其是她從不被支持去哀悼父親的死），以及如何去設定和其血親家人的適當界限，因而能夠去關注和自己的丈夫與孩子的關係。

　　和很多背負世代累積的未解決悲傷的人一樣，一旦瑪希雅掀開從孩提以來一直不知不覺背負的悲傷之後，人生的很多層面突然變得有意義了起來。朋友與家人長久以來不停地評論瑪希雅從小就是多麼嚴肅與敏感，她總是一直覺得對母親的快樂與否負有責任，但是從來不知道到底為什麼。她母親一直期望瑪希雅能填補那個先前失去小孩的缺憾，但那畢竟是瑪希雅永遠無法填補的缺口！這一個全新的醒覺，對瑪希雅而言不啻是個天大的解脫，也領悟到母親的悲傷並非也是她的，她現在已經轉向以更深的承諾與意願去哀悼自己的悲傷了。至此，也如同很多當事人在這個治療階段常常陳述的一樣，瑪希雅也經歷了一個全新的「存在」的光彩。

一個夢魘開啟了治療之門：三代未解決的悲傷

　　我的另一位當事人從一系列的夢魘中發現，他是承繼祖母自希特勒大屠殺猶太人以來未解決悲傷的第三代。自從喬許開始每天凌晨兩點被相同的夢魘所驚醒，他就變得很提心吊膽。在夢境中，他總是夢到自己是個大概七歲左右的小男孩，當時正在一個歐洲村莊的廣場中跑來跑去，卻被一個德國納粹士兵所射擊。這個男孩倒在地上，然後恐懼地看著那名士兵逐步趨近，用穿著軍靴的腳猛力地踹他。喬許總是在這當兒從夢境中驚醒過來，嚇得滿身大汗而大聲哀嚎。他以前也會做惡夢，但是從來沒有這樣恐怖過。然而，這種恐怖嚇人的惡夢卻不斷地重演，這夢中景象揮之不去，深深困擾著他，因為這個夢是如此地殘暴而且和他的日常生活毫無關聯。兩個禮拜之後，這個夢魘仍然盤繞著他不曾消退。他已經被折磨得精疲力竭了，只好問他太太，也是我的當事人，要到我的電話。她太太當時正處於父親過世的哀慟中，每天會用她的庇靜所，並且正在體驗修復與她父親的關係。似乎是因為分享他妻子的哀傷，而觸發了深埋在喬許心靈中的悲慟。喬許知道自己已進入一個有結構的，以及安全的哀悼途徑，他的潛意識可能已經找到治療的機會了。

　　在我的辦公室裡，喬許和我順著夢魘在他身上正產生的戲劇性影響，來探索夢境中的景象；這個夢境是如此清晰地盤繞在他腦海裡，一直到他面對它、處理它，否則不會罷休。在我看來，

似乎某種非常強有力的東西已經潛藏在表面下蠢蠢欲動，正準備浮現到意識層面。我知道當我們沉靜下來探索、處理夢，它才會回饋予我們事情的蛛絲馬跡；如果我們避重就輕，這個噩夢就仍會繼續囂張。假如我們有進步了，夢就會改變，並且指示我們下一步需要探索哪裡。而那個夢之所以會困擾喬許，乃是因為那是這麼地脫離他自己的經驗，以至於完全沒有頭緒。為什麼他會一直夢到小男孩被納粹士兵殺害的景象呢？

當我問他任何和歐洲式村莊與納粹黨的關聯時，我知道了他的祖父母是信仰希臘正教會的猶太人，在二次世界大戰時住在一個歐洲小村莊裡。當他身為猶太教牧師的祖父因生意往來到美國洽商時，納粹的士兵們闖進他祖父母家，當著孩子的面（其中之一是喬許的父親）強暴了他的祖母，並且很殘暴地用刀劃她的臉。他祖父回來之後把被摧殘的家人帶到美國，但從此他的祖母再也不說話了，而且退縮起來不再和家人有所互動。大屠殺仍繼續時，他祖父盡其所能去維持家庭的完整，然而大部分仍留在歐洲的家族成員都被殺害了。多年以來，雖然未解決的悲傷仍兀自在敘說著慘烈的傷痛，然而這個創痛從來沒有在家中被提起。喬許的祖母仍然一直怯懦與沉默不語，一直到死為止。喬許的父親長大後一直是易怒和殘暴的；喬許很年輕就離開家，同樣也是充滿著憤怒與痛苦。

當他分享他的家族歷史時，對喬許而言一切變得清晰，使他了解到他家人背負著多少未解決的悲慟，以及這種悲慟是如何一代傳遞給一代啊！似乎是潛意識地，他碰觸到一個很深層的家庭

系統的集體意象，而現在這個意象正在要求某些回應。我們決定從他的祖母開始，因為她的未解決悲慟似乎是家族中最重要的，而她的緘默不語一直影響了好幾代的子孫。我要他每天設定一個不受打擾的時段去想像，在其中只是想像和祖母會面，去包容她的痛苦；傾聽她，假如她想說。

第一個單元談完後，喬許開車回家，路上他清楚地聽到「祖母」用意第緒語（Yiddish）告訴他：「我親愛的孩子！」他從沒聽過祖母說話，但是他知道這是她的聲音。他把車開到馬路旁，然後放聲痛哭。自從那次之後，他每天閉目冥想和祖母坐在東海岸老家的後門玄關裡。幾天以來，在想像中他們就這樣只是默默不語地一塊兒坐著，看著兩株很大的甜楓樹。然後他祖母開始對他說話，傾吐她一生的痛苦、憾恨與悲哀。而正當她這麼做時，他開始覺得內在更加光明；正當祖母在她的脆弱中軟化時，他的心也向他祖母敞開。

喬許的噩夢從第一單元之後就不再出現了，因此我們知道他的潛意識很滿意他為治療家庭創傷所做的工作。喬許也覺得自己內在有著異常的變化——他第一次渴望去接觸猶太教，並且開始研究《舊約聖經》的首五卷（the Torah）；也變得很貼近地知覺到他父親童年時所遭遇到的痛苦，他有個奇怪的感覺想要去寬恕一個原本被他鄙視的男人。他告訴我，他想要和父親和解，但尚未準備好要和他談談。

六個禮拜之後，喬許又夢見那個夢，這次夢中的小男孩仍然被納粹士兵所射擊；但是，正當這個士兵再移步要補上殘酷的踢

打時，小孩的家人圍繞著男孩把他抱起來，而且緊摟著他、保護著他。喬許從夢中哭醒，但這次不是因為恐懼與痛苦，而是一種喜悅與歸屬的感覺。從這個夢裡顯然可見，喬許已經治療了深藏在內在裡的某些東西，他也給那一直背負著這麼深痛悲傷的家族心靈帶來一些治療了。

尋找在你家族中被埋藏或未解決悲傷的跡象，徹底調查你的家族歷史：你的父母、祖父母，甚或曾祖父母們曾經歷過什麼主要的失落嗎？他們是如何回應這些失落的？死亡或悲傷在家中有被公開地討論嗎？家裡是否有哪些談論死亡與悲傷主題的禁忌嗎？要對噩夢警覺以對，因為夢境可能會指出一個被埋藏的家族悲慟，正如喬許的夢魘一樣。

假如你真的揭開已經傳遞幾代的悲傷了，每天設定一個不被干擾的時間在庇靜所裡，在你的供桌上擺一張那位經歷失落的家人的照片，用第二篇中的練習來實驗看看，你可以和你的家人談談、寫封信或寫篇兩者的對話。你也可以探索引導的意象，如同喬許每天靜坐冥思，想像中出現連續幾個禮拜和祖母坐在她的後門玄關一樣的方式。在這個過程中，把你的心靈敞開給那個家人的苦痛，鼓勵那個人去表達與治療悲傷；但同時非常重要的是，你要一直確定那個悲傷是家人的，而不是你的。

練習 11－1

治療那些已傳遞幾世代的悲傷

　　坐下來，閉上雙眼；然後集中知覺在你的呼吸上，把氣深深吸到小腹裡。當吐氣時放輕鬆，愈來愈專注於當下，注意正在發生的情緒與感覺。

　　感覺你的知覺正在擴展，超越時空的限制，你的想像在這裡浮動著，充滿了許許多多治療的機會。

　　想像自己正置身在一個安詳的地方，在那兒可以滋養心靈——可以是在山上、森林裡或海邊。想像這些景像圍繞著你，體驗周遭的聲音、景色與氣味。讓附近有大量的水，可能是河流、湖泊或海洋。花些時間在此地放輕鬆，盡情置身在靜謐與安詳之中。

　　邀請你的家人到這個靜地來，為了治療那已傳遞數代的未解決的悲傷。向他／她介紹這個地方，再花些時間把安詳納進來，好讓你們都放鬆與接納，這要慢慢來，不要急。

　　找一個舒服的地方和這位家人坐下來，現在邀請他／她與你分享那埋藏在他／她內心已久的悲傷。當他／她顯現出從未表達的情緒時，你只要聆聽。當你傾聽時，你能夠用想像的眼睛看到他心中未解決的悲傷。看起來像什麼呢？是什麼顏色？是什麼觸感？看進去你自己的內心，你是否看到同樣未解決的悲傷被埋藏在你內心呢？

當你的家人分享完之後，問問他／她是否已準備好要讓那個悲傷離開了呢？如果還沒有，讓他／她知道你改天會再回來談談，並且一起為更進一步的治療而在一起。

如果你的家人已準備好要讓那悲傷「走吧」，邀請他／她把那悲傷聚集起來，用雙手把悲傷從內心舀出來，當他／她要把那悲傷帶到想丟進去河、海或湖水中時，陪著他／她走過去。當那悲傷溶解與消失時，仔細地看著，你會發現，悲傷也正被洗滌與轉化了。

如果那未解決的悲傷已經傳給了你，同樣也是輕輕地把那原本就不屬於你的悲傷從你內心收集到手中，把它捧到水邊，放在可以被洗淨與轉化的水裡。然後，也是看著它溶解與消失，好好體會不再背負這個悲傷的感覺像什麼。

做完之後，就只是和你的家人在一起，感覺你們內在的安詳——了然這個安詳已存在你們內心之中了。

代代相傳的形式

雙親或祖父母其中一人過世的那段時期，可以是向你健在的父親或母親以及其他親戚，蒐集與評估有關你們家族歷史相關訊息的好時機。當你這麼做時，你可能會覺知到某些已經牽連了幾個世代的特定主題或形式。你是否看到雙親關係的形式，也很類似於你自己的婚姻或親密的關係呢？你的祖父母或曾祖父母是否也曾奮鬥於你目前所面對的相同課題呢？你想讓這些形式在生命

中一直持續下去嗎？

　　家庭形式（family patterns）會一直傳遞下去，一直到某個家庭成員停下來追問：「這樣對我是真正適合的或健康的嗎？這是我生命中或關係裡真正想要的嗎？」

　　使用內在的溝通去探索那已經影響每一代的問題類型與制約方式，寫封信給一位過世的家族成員，表達你對他／她曾經倍受煎熬而如今發現你自己也面臨的相同課題的關切；你也可以寫那位家人給你回應的信。

　　雪莉看到一個惱人的性壓抑的形式，影響著她母系的婦女們。已是兩個女兒的母親的她，覺得被迫打破這種輪迴。在信中，她回去找她外婆——已經過世多年的外婆，請求她的指導、建議與支持。外婆的愛一直陪伴她的童年，而她覺得現在正是幫助她面對一個難以啟齒的家庭課題的時候。

　　親愛的外婆：

　　　當我在寫這封信時，淚水如泉湧出，而胸口緊繃。我好想念您！在一個痛苦與困惑的世界裡，您是如此柔軟與仁慈。當整個家人似乎都反對我時，您卻以充滿無盡的愛把我帶到您的懷裡，只有您視我為特別的孩子。

　　　能有您在身邊，就像是來自上帝的禮物，讓我覺得安全與被愛。雖然如此，外婆！我必須承認我並不怎麼喜歡外公，他讓我害怕。他似乎滿令人不舒服與

低級的，而且當他抱我們時，總是抱得太久又太緊。去承認這件事讓我覺得很羞愧：那就是，他死了我還覺得有些慶幸呢。頗可笑的是，似乎其他人也沒有太傷心，我都不記得我母親有沒有哭呢！

我喜愛您住的綠白相間的大房子，對我而言，它總是如此神秘。我時常納悶，在這棟有七個小孩的三層樓房子裡是怎麼過的？您認為外公是一個怎樣的丈夫／父親呢？我很希望您能告訴我有關我媽媽的一些故事。

樓上是我媽媽過去住的房間，她似乎真的不喜歡那個房間，我也不喜歡。怎麼會這樣呢？究竟是發生了什麼事情呢？媽媽說她有曾被外公性侵犯過的模糊記憶。您也曾被侵犯過嗎？您的媽媽就住您的對街，她為什麼不和您說話？我聽說她不喜歡外公，是真的嗎？她為什麼不喜歡外公呢？

在外公死後，您變得較生氣蓬勃。但儘管如此，在您那巧克力似的褐色眼珠中仍然有一絲惆悵，一種敘說著長久以來壓抑的傷感。我知道這聽起來有些匪夷所思，但是我覺得您以及整個母系祖先都正在期待我去結束這種壓抑，這是多麼艱難啊！當您過世時，我覺得好孤單，就像一個安全的巢整個被翻覆，我當時只有十四歲，卻已受苦於自我壓抑之中。

外婆！我只想讓您知道我正在奮戰，我將要改變

我們族系的歷史。我自己已經有兩個女兒了，而這正是我要去打破這種惡性循環的時機，我將不允許這種壓抑再傳給下一代。您的哀愁正是我的力量，我知道您總是伴著我、指引著我、讓我開懷，以及愛著我。

大概是一年前，我覺得您的出現是如此強烈，讓我深受感動，以致於想要在您的記憶中立一個神龕。自從您過世之後，我已經歷了許多變化，我在二十歲時結婚，然後很快就生了兩個女兒。不像家族中的其他人，我已讀完大學而且目前正在攻讀碩士學位。困難如同過去一樣，而未來也一樣；但我已經得到一種要從苦惱這個家族婦女好幾世紀的壓抑中釋放出來的自由感覺，我希望您也可以感覺到。我現在可以接受您的死是生命繼續循環的一個部分，以及縱然我非常想念您，我知道世間事物仍會如其所應然而存在著。

以愛和感激的

孫女　雪莉敬上

透過這封信與她外婆聯繫，幫助雪莉接近自己內在的力量。她覺得自己被選定為改變她家族系統的管道：「我將不允許這種壓抑再傳遞給下一代，您的哀愁正是我的力量，我知道您總是伴著我、指引著我、讓我開懷，以及愛著我。」

變得知覺到挑戰家族的形式會是痛苦的，但這種痛苦也可以

是一個改變的有力動機。當我們決定好產生改變時，就會有不僅來自於家族內的，也有從自己內在而來的強烈抗拒出現。要打破一個已根深柢固盤據在家庭歷史中的類型，會是令人覺得害怕與孤獨的。然而，一個所愛的人過世了，提供了正是要打破這種無可避免的抗拒所需要的動力！

就像雪莉，我也是我家族改造的一個管道。去打破圍繞我父親癌症的沉默以及進而去寫有關於他的死的事，這是令人害怕但也有如釋重負的感覺。這種療效也擴散到我的家人，我媽媽和我可以自由地談論她終究也難免一死的事實，以及我對她也會面臨死亡的害怕。我寫封信給母親，在信中我和她分享如果她死後我將要告訴她的每件事情。

當我兒子十歲時，一個轉換發生在我們之間，而這是我和父親或是我奶奶和父親之間絕不可能發生的。在一個為我的著作《喪親之慟》的簽名會之後，我兒子和我一起走向停車場上的車子；突然地，他伸出雙臂抱著我，然後以無比的信心與懇摯告訴我：「媽咪，您將會為我感到驕傲，當您死時，我將為您寫本《喪親之慟續集》！」我有點出乎意料但很驚喜。身為一家人，我們已經能夠談論並探討死亡的大奧秘，過去幾代的禁忌已經被打破了！

第十二章

治療日常的失落

道來自於日常之失落。*

莊　子

＊ 譯註：原文為 The Way is gained by daily loss。此處為直譯，但遍查《莊子》原典發現，很可能作者只是擷取《莊子》英文譯文的一句，未引出上、下文。此句還原，似乎更接近《莊子》引《老子》言：「為道日損」；但綜觀本章之意，應以「察乎盈虛，故得而不喜，失而不憂，知分之無常」之意較為貼切，尚請讀者指正、賜教。

我兒子升大二時，我幫他搬進宿舍，從他的大學校園要回家的路上，突然覺得心情很沉重，我知道他將不會回家過暑假的日子已經來臨了。去年他大一時，我們送他到學校，從洛杉磯到回家的一路上，我一直都在哭；我為和兒子以往關係的結束、為我們家曾經有過的樣子、為兒子在我生活中不再每日出現，而傷心啜泣。

到中年，我已失去了父親也即將面對失去母親，她已經八十六歲了，變得愈來愈虛弱與健忘。近來她一直跌倒，上次摔倒還讓她住院了幾個星期；除此之外，我的四個朋友正在與致命的疾病奮鬥，又一次促使我去擺脫那以為我們可以控制自己生命的頑固夢幻。瞬間，我們生命的旅途都可能會改變，這是很令人害怕的。在這個人生階段中，我常為日常的大大小小失落而覺得脆弱與害怕；諷刺地，我從來沒有覺得比現在更精神抖擻。

我們一生中將經歷許多的失落，但我們也因失落、分離與放手而活著；這些反而是這個變動的世界中最基本的部分，也是生命的一個部分，就像世界中有夜晚、風和雨一樣。我們無法長生不死，我們所愛的人也不可能，因為哀慟本是生命的部分。父母親會死，朋友也會逐一凋零，珍愛的東西也會失去；我們的孩子會長大然後離開家，我們會因離婚或死亡而失去伴侶，有時候是在感情上早就失去他們了。年歲漸長，我們將面對所有那些我們過去絕對不是而未來也不可能是的部分，我們將面對未完成夢想的悲傷，隨著我們所遭逢的每一個重大失落，我們也時常遇到多重衍生的大大小小失落。譬如，父親或母親的死亡會引起許多其

他的失落──我們是他們的小孩的認同、我們的家族歷史，以及有時候是來自朋友從我們強烈的悲傷情緒中撤退等等的失落。丟了一個工作也可能會導致自信、認同與權力的喪失；流產或不孕可能會帶來將有一個家人的夢想破滅；離婚可能會導致一個生活型態、家庭、朋友，以及認同感的失落等等。

生活在一個以獲得為基礎的文化中，我們大部分人自然地會從失落中退卻。我們試圖去認為如果我們保持忙碌的話，將可以避免失落之痛，以為我們可以稍微封閉心靈來保護自己；然而，也正是這些未經哀悼的失落在傷害我們的內心，在破壞、鈍化著我們。我們似乎忘了，這些失落不管會多麼艱難，還是和我們的生命與成長緊密相連。愛爾蘭詩人約翰‧歐唐納修把失落稱作：「發現的姊妹」（sister of discovery），他解釋失落雖然清除了舊的，但也造就了新事物的空間；它使我們得以成長和享受新事物，失落提供一個「有活力的心靈大清掃」，它砍掉枯枝以便長出新芽。

很多人無法承認這種深層的失落暗流，一直到他們失去某位至愛的人時才會警醒。邦妮一直到失去母親之後，才開始去承認內心中背負著多少失落。在第一階段治療療程中，邦妮向我分享她累積了十年的失落，那感覺就像是流沙，慢慢地把她拉進一個深層的沮喪中。她列舉了一項又一項的失落：失去為人母之後的自由、搬家之後失去朋友與原來的社區、懷孕三次之後失去的健康、當夫妻兩人都忙於處理繁忙的行程時失去與丈夫的親密感、失去和兄弟姊妹的聯絡、財務的損失、她父親的過世，以及最近

又是母親走了……。她的生命悄悄飛逝，而大大小小不被感覺的、不被承認的、不被解決的失落，卻也一路累積。而現在是因為喪母的深層悲慟，使她頓悟到悲傷其實一直都在，只是都被壓抑到表層以下！邦妮了解到所有這些積累的日常悲傷，是如何封鎖著她以及傷害她的「活著」！而且，她發現她正在為她最大的失落——生命中許多「未曾活過」的時刻，而悲嘆哭泣。

如果我們可以愈快辨識這些日常生活中的悲傷，當某位至親過世時，我們才不會如此悲慟不已。當我們為一些小失落開啟心門，我們也在內心製造可以容納更大失落的空間；當一個重大失落搖撼我們的世界時，才可以得到力量去哀悼。假如我們注意那即使是小小的失落，我們將發現，這些失落是連接到那放在我們心中的失落蓄水池。除此之外，假如我們還能以詩人大衛‧懷特（David Whyte）的詩句所提示的：「掉進悲傷之井的靜止表面之下」，才會發現「我們所飲用的泉源」！

畫一個失落的時間線

現在花些時間去反省你生命中的失落，劃一條時間線，生日寫在左邊的起點，目前的時刻標在右邊的終點；沿著這條線標示並寫上你曾經歷過的失落，包括主要的以及普通的失落。然後把那些尚未解決與尚未哀悼的失落圈起來，如果一個失落催化一個先前的失落，就從這個失落到先前的那個劃上一個箭頭。

一旦你完成這個歷程的部分，反省一下你的時間線。將你一

生中所經歷過的大大小小失落的脈絡列進去；事實上，很多人在畫這個時間線時，往往被他們所歷經的失落數量所驚嚇：「我竟然不知道我曾遭受過多少失落，而又有多少失落我從未悲悼過。」花些時間去檢視這些失落的類型，你可能會注意到有許多是一連串的失落，失落又帶來其他失落，或者又循環到先前的失落中，重蹈覆轍。仔細想想這些未解決的失落，曾經對你的人生造成什麼影響。

我們當中有很多人抗拒哀悼，因為我們害怕感覺壓迫、害怕變得失控無能：「假如我哭，我就停不下來了。」我們告訴自己時間會治癒一切。然而，未處理的失落仍然一直埋在我們心中、藏在我們身體內！我們斷絕、封閉了生命，因為我們覺得承受不起靠近任何會引發悲傷的事物。很多我的當事人目前遭遇的問題，也多是根植於從前未曾被哀悼的悲傷。未解決的悲傷會引發諸如憂鬱、社會疏離、藥物上癮，以及慢性的生理症狀。採取一個公開積極的方式哀悼我們每天的失落，去微量適度地接納我們的悲傷，去治療一個接一個的失落，這樣是比較健康的。然後我們了解在生命旅途中，沒有哪一個部分是被浪費掉的，在每一個失落中都蘊含禮物。

現在你已經在生命線上辨識出這些失落了，投入承諾要使用你的庇靜所幾天或幾週，就為了要治療這些悲傷。在這些時候，敞開心靈去接納悲傷，因為心靈正是治療產生的地方。

打開心門

閉上雙眼，然後集中注意力在胸骨兩乳之間正中央，也同樣是在第二章練習 2-2「以心與臨終所愛的人聯繫」要集中注意的地方。你可能會想用大拇指去輕輕壓那個點，把氣深深吸進這個點，就像你正在觸壓那個地方的敏感點，每一口氣帶你更深入你的心。慢慢打開一直留守在那兒的痛苦，那一輩子隱藏在黑暗角落的失落。

讓你的心體會所有失落的痛苦：失去雙親、失去小孩、失去夢想、離開那些你愛的人，以及自己拉出內心的悲傷。敞開你的心去接受這些失落，以憐憫來擁抱失落。感覺悲傷、痛楚，以及長久以來的失落：不敢輕彈的淚、好像從來沒有活著的時刻。給痛苦、治療騰出內心的空間。繼續吸氣到心裡面，感覺心正變得更有空間，學習不會一有痛苦就把心封閉起來。

治療我們未處理的失落

一下子把許多潛藏的失落都搬到抬面，在開始時可能會讓人覺得太有壓迫感，但正如我建議突然面對幾個死亡哀慟的當事人一樣，你可以在每次心胸開放的段落後，一次只集中處理一個失

落。你可能會想要先從最近的那個，或是那最大的情緒負荷的失落開始處理。你的夢可能會指引你到那個最需要你注意的失落，就如以下將說明的愛麗絲的故事一樣。在你的庇靜所的供桌上擺一張可以喚醒你的失落的相片或一個物品，每天在那兒花上一些時間，對任何你以前所逃避、忽視的或試著躲開這個失落的任何情緒敞開心門。不要去分析，只要如其本來面目來接受這些失落。

愛麗絲發現失去婚姻的未化解的悲傷已經封閉了她的心，而且把她隔離得無法哀悼她母親的死。她一直飽受悲傷的煎熬，卻因為不能擺脫開來好好地哭而感到沮喪。在與她進行治療工作的初期，我指導她練習過一個「打開心門」（Opening the Heart）的活動。讓她很訝異的是，竟然有那麼多未解決的失落隱藏在她內心之中。那個貯放悲傷的空間感覺很幽暗與擁擠，擠到連要去靠近一下對她母親的悲傷都幾乎是不可能了。在第三階段的療程，她分享了一個夢，在夢境中她的前夫敲她的門，要她幫忙一起修理他的車，他想把車修好，兩個人就可以一起開車去旅行。夢醒之後，對於前夫出現在夢裡，她覺得很煩惱困窘，她一點都不想在治療中去注意到他，而渴望轉移焦點回到她父親上。然而，隔了一週後她又分享了兩個有關她前夫的夢，在這個時機點，我溫和地鼓勵她隨著潛意識的指引。她的心已經對她的悲傷敞開門了，而這就是那個正在要求她注意的未解決的課題。

愛麗絲不情願地同意談談她的婚姻，那段婚姻的結束曾帶給她極大的痛苦。當她疲於照顧臨終的母親時，她的丈夫竟然有了外遇。當愛麗絲發現，丈夫竟然在她如此脆弱的時刻背叛婚姻，

第十二章　治療日常的失落

而且立即提出離婚要求時,她感到倍受摧殘。她現在深深地悔恨那珍貴的陪伴臨終母親的最後幾個月,已經在她未能完全參與中消逝了,因為那段期間她正被消磨在對丈夫的氣憤、傷害與怨恨當中。

愛麗絲抗拒我建議去寫封不用寄出去的信(見第四章)給她的前夫,她不想再去面對這些痛苦惱人的情緒。終於等了四個星期之後,她才開始寫這封信,然而當她一提筆就澎湃無法停止,她寫了一頁又一頁,卻仍然不想停下來。隔週她又寫了更多,開始覺得開朗許多,對她生命中的這段痛苦部分也較能心平氣和了。正當快寫完那封信的時候,她終於夢見母親,這是她期待已久的夢。如今正是哀悼她至愛雙親過世的時機,離婚的哀慟再也不會擋住她悲傷的路了。

在那星期中,她又做了一個和前夫有關的夢,在這個解決問題的夢中,他的家人在她婆婆家的後院一起過節。愛麗絲覺得很高興又看到這個家庭了,有許多都是她很關心的但是在離婚後就失去聯絡的人;後來她和他們一個一個聯絡上了,還抱著她婆婆好久好久。經由包容離婚的痛苦,現在也能接納這段婚姻曾給她帶來的豐盈,即使對她丈夫仍懷有某些憤恨,但終於能平靜地面對他。因為這個修復,治療的重點就轉到去哀悼她母親的過世,她現在已能全心全意這麼做了。

如同很多人一樣,愛麗絲也曾經避免去哀悼她婚姻的結束,不只是因為這個惱人的苦痛,而是她就是不想把這個失落和喪母之慟等量齊觀。然而,因為她的心關閉了這個痛苦,也關閉了哀

悼因母親過世而悲傷的心。接下來的幾年，她覺得倍受折磨，因為母親死了而她竟想哭也哭不出來。為了這種窘境來求助，她很快地發現自己的一些夢，都正在指引她回去處理因離婚帶來的未解決情緒。顯然地，愛麗絲的故事教我們，有時必須先注意一些我們未曾哀悼的失落：不管是失去一段婚姻、友誼、工作；或一生的夢想等等，然後我們才可以再去接納、處理真正更大的失落。

例行性地，花些時間去檢視你日常生活中的一些失落，然後哀悼這些失落。注意那些因目前的失落而牽連起一個來自過去未解決的失落，必須一起處理那個失落，經歷這個悲傷將讓你的心有更多空間去開啟你的生命。追溯因失落而起的失落，我們將循著路徑找回我們自己。就像邦妮所做的一樣，我們會發現，最大的失落就是為我們自己而悲傷，為所有不存在的時刻、為沒能真實對待自己的時間、為曾委曲自己的方式、為我們因為要得到別人的讚許或為求成功所做的犧牲而悲傷。

我深受感動於一位當事人，當她正在同時哀悼她雙親過世的悲慟時，與我分享最近所做的一件事：她把父母的相片放在供桌的一端，而把自己的一張相片放在中間——一張她四歲時的相片，她展開雙臂等候攝影師，天真的笑容綻放在臉上，而微微上揚的雙眼似乎帶著對生命的好奇與興奮。在哀悼失去雙親的悲慟幾個月後，她現在已經可以為自己而哀悼了，為失去以往那迎接生命的開懷而哀悼。在敞開心胸接納那個悲傷時，她就已經不能忍受再從生命中退回了。她知道她現在可以承擔完全「活著」的美妙與傷悲，每一個時刻都變得珍貴起來了，變成一個擁抱驚奇

人生的機會：當中自然是有分離、相聚、衝突、和諧，以及所有的失落。

結尾

願您了然缺席意涵充滿溫柔的出現，而且沒有
任何事情曾經失去或被遺忘；願悲傷的哀愁之
井，化為沒有遺憾的存在之泉。

約翰・歐唐納修（John O'Donohue）

生死一線牽：超越失落的關係重建

244

詩人艾略特（T. S. Eliot）曾寫道：「終點即乃出發之始。」（The end is where we start from）當我們讀到書的最後一頁時，我們也已經達到一個終點；但假如那本書對我們甚具意義時，那麼讀完那本書也可以是另一個起始。當我們把書闔起來時，我們會沉浸在那些令人感動、發人省思的內容中。不管我們在書頁上讀了什麼，日後都會變成我們以及生命的一部分。因此當一位所愛的人死了，那個生命是結束了；然而，假如那個人曾經深深地觸動你，那麼他／她就成了你的一部分，你將總是「帶著」那個人在你內在。很多其他文化把這個歷程視為理所當然，培養和祖先的關係，是日常生活的織布上一個整合的部分。我們也知道這些已被深層傳遞下來，但我們仍需被提醒。

我希望此書已經挑戰了任何使你很難去和一個已逝的人聯繫的假定，諸如：死亡已經切斷你和所愛的人的關係，要和他／她和解已是太遲，以及聽命於記憶與悔恨等等對失落的迷思。我反倒鼓勵你去聽任想像引導你通過這些受限的觀念，進入那未知的領域，在那兒有超越你最寬廣夢境的無限可能在等著你。你的想像是一個有創意的實體，一個充滿生命力與治療的力量，可以讓那些你認為已經失去的事物回歸給你。

想像藉由開展你來治療：——越過你的舒緩極限——進入一個全新的體驗中。一直到凱拉的意象帶給她這種體驗之後，她才能想像到溫柔地搖哄父親使他舒服入眠。直到康黛絲的想像允許她去看，她才有可能從父親的眼睛去目睹他的生命，康黛絲看到的很多影像都是讓她很痛苦去面對的，特別是她父親試著脫離一

個受他岳母控制的婚姻而屢不成功的影像。想像治療你，如果你肯等待它的出現，以及敢去看、去聽那想像所呈現在你面前的東西。

當你投入承諾去培養與加深和已逝所愛的人或其他還在世的人的關係時，在本書中幾個內在溝通的練習將使你能夠去表達愛、處理未解決的課題，以及發現重新聯繫的新可能。去享受想像提供的輕鬆自由的益處：沒有限制地表達自我、打破有害的舊關係形式、走進另一個人的內心。當你真的打破既有關係的僵局，你可能會覺得神氣再現與興奮愉悅。你可能會無限感激地去接受或付出愛，而那是亡者生前不可能有的。當你碰觸到陳舊傷痕或打破根深柢固的禁忌時，你可能也會覺得脆弱與雜亂；以及有時候可以確定的，當你面對令人不愉快的體悟或不舒服的感受時，你可能會覺得無力與抗拒。

當你建立一個新關係時，將會體驗很多這些感受以及經過很多階段。首先，你必須經驗自由地表達在關係中你所思考、感覺、想要的，包括任何曾被壓抑的、退卻的或沒說出的。艾咪在那封寫給過世的父親的信中，吐露了她的後悔與怨恨；只有這樣做之後，她才覺得準備好去原諒自己和父親。在想像中，真實地表達自己以及誠摯地對待別人，將幫助你建立一個自我價值感與自信，而那是建立一個健康關係的基礎。

在建立一個新關係的第二階段中，透過寫出或說出一個回應，你學到要提供別人發聲的機會。當你這麼做時，你可能會覺得自己同時在自己裡也在別人裡，一種讓你和那個人的感受與思

想保持聯繫的經驗中。當你啟動想像時，這可能會更具戲劇性，亦即你走進另一個人內心，而且用他／她的眼睛去看世界；突然間，你領悟到從別人觀點所看到的關係，同理、了解甚或寬恕，自然地在這個階段開展了。

在第三階段中，一個新的關係終於出現了。要有心理準備去迎接那在你們從前的關係中看似不可能的改變；當你和所愛的人溝通時，之間的對話已從解決過去的課題，轉化為當下一個親密的表白。在重複這種透過想像與所愛的人聯繫的經驗中，你的心將會承認一個令人寬慰的、確定一直在你內在守候著的身影，一個你現在信任可以自由登入的身影。

但是你將發現，這個身影是遠超過你所能想到的——它會是不拘形式召喚的身影，可以是一個明亮的光體、智慧，以及無可測量的安詳感覺。你已經達到與在每個存在體的核心中鼓動著的神聖生命力面對面的境界了！經由培育與加深你與所愛之人的內在關係，你將會一直被那種神聖所感動。

結尾

生死一線牽：超越失落的關係重建

附錄

哀悼的建議以及
重建關係的練習

哀悼失去一位所愛的人的十個步驟

1.承認這個事件的重要性與力量。一個至愛的人死了，動搖了我們生命的根基，雖然經常是令我們很不舒服的，但這也是很自然的，我們往往會因而覺得雜亂無序、孤獨與失控。不要去抗拒這個悲傷所引發的有力的能量，而是學習藉此機會動起來，需要一個階段一個階段地、一天一天地慢慢來。

2.每天花時間去重視你的悲傷。設定一個在你家裡或在大自然中，一個受保護而能免於干擾的庇靜所，在那兒你可以每天花十到二十分鐘的時間去對你的悲傷完全敞開。使用這個靜地，逐漸地你將發現，一個每天有一些時間進入你的悲傷的規律，然後你可以隨它去，而專注於每天的工作。

3.提出與你所愛的人尚未完結的事情（unfinished business）。在所愛的人過世後浮現對他／她的未解決的情緒是很平常的，哀悼的期間正是去治癒這些傷痛與向舊傷說再見的重要時機。

4.參與新的家人互動形式的建立。在雙親中的一人過世後，家庭系統往往會陷入混亂與變動中，以相同可預測結果的舊互動模式，現在已經行不通了。整個家庭可能會被打亂幾個月，以尋求一個家人彼此之間相處的新平衡。當這個家庭已經敞開去做改變時，也是管窺一個新系統建立的時機，你可以投入這個新系統或有意識地參與那對你而言是很健康的新形式之建立。

5.探索你生命的方向與品質。一個至愛的人之死經常引發一段時間的痛苦質疑：我的人生將要何去何從？什麼是我真正看重的？我的信念是什麼？我的生命真的重要嗎？這段質問是哀悼過程的重要部分，經過追問之後，新的觀點、方向與選擇也會隨之而起。

6.不要強迫自己「回到正常」。很多人期望悲傷會在幾個星期或幾個月內結束，悲傷自有其曲調、本質與時機，它會抗拒我們想控制它的嘗試。有些會有一個明顯的轉變出現在你父母過世的週年忌日左右。然而，一年又一年過去了，悲傷也可能隨時湧現，把每次悲傷的浮現視為更多痊癒的機會。

7.給你自己養分、愛、保護與鼓勵。澄清那些你曾想要從所愛的人那兒得到，而他／她無法達成的期望，再看清以往的關係是什麼，而不是你想要的是什麼時，你才可以哀悼那所愛的人所無法給你的，也開始去感激他／她曾經給過你的。

8.讓你的朋友知道你想要什麼與需要他／她做什麼。給他們一些可以幫助與支持你的建議方式：可能是幫你帶一餐飯、跑跑腿、給你抓抓背、陪你散散步、定期來看看你……等等。要讓他們確知你的需求，好讓你退卻休息一下；如果他／她正在做的並不是支持性的，就要讓他／她知道。鼓勵你的朋友教育自己有關悲傷的知能，以使他們知道什麼是可以預期的，提醒他們悲傷是要花些時間去治療的。

9.每年紀念至愛親人過世的忌日。花時間去沉思或做些特別的事來紀念那個日子，要溫和善待自己，在這個脆弱的時刻，

很多人會覺得沮喪與情緒化。

　　*10.*為改變與新觀點的產生而喝采。當你從悲傷的黑暗中脫繭而出時，這些改變與新觀點將開始明示你的人生，如果你覺得已經準備好了，就依據新的想法、啟示與洞察行事。

哀悼的七項工作

很重要的是，我們要主動地努力統整與解決我們的悲傷，而不只是被動地經歷我們對悲傷的反應而已。悲傷會載負著我們，直到我們學著去導引它。以下是幾項哀悼的工作，而庇靜所是做這些工作很好的地方：

1. 表達所有因失落而起的情緒：苦悶、渴慕、解脫、憤怒、沮喪、麻木、絕望、痛楚、罪惡感、困惑，以及通常是難以忍受的痛苦。

2. 讓這個無法討價還價的以及令人苦痛的死亡事實深刻於心，明瞭在肉體上你再也不會與過世的至愛親友在一起了。

3. 從頭開始回顧你們的關係，而且以正負兩面去檢視這個人與這個關係。

4. 辨認與治療你未解決的課題以及你的悔恨。

5. 探討你家人之內的與其他關係之間的變化。

6. 把所有變化統整進一個你自己的全新感覺，以及沒有這個人也能採取健康的全新方式存在於這個世間。

7. 形成一個與這個人之間的健康全新內在的關係，並且找出與他／她聯繫的新方式。

庇靜所的練習

靜靜地坐在你的庇靜所，全神貫注在你的悲傷上。花些時間想想那正面臨瀕死或者已經過世的至愛的人，承認這個失落，感覺這個悲傷現在已經在你身上。注意它如何浮現在你的思想與情緒，悲傷會一個月一個月地、一個星期一個星期地、一天一天地，甚至於時時刻刻地變化，全心全意地注意它，別相信昨天所感覺的今天也會一樣。

接受你的悲傷目前的面貌並與之同在，不要判斷、批評，沒有試著要去改變什麼。如果情緒浮現了，就隨著它吧！當他們呈現出自己的時候，就相信他們吧！不要把他們塞回去也不要把他們推開，此刻它在你的靜地裡是安全的。如果你正覺得麻木了，你也許可以先覺得沒什麼事情發生；但如果你看得更近，你可能會發現，即使是麻木都涉及一組複雜的感覺與經驗，所以也別去評斷你的麻木，而是去探討這個感覺。

允許你自己去哭泣、表達氣憤、變瘋狂或安靜、去感覺一點點或感覺麻木。這是一個你可以完全承認失去至愛的人的一個受保護的靜地，不管你所愛的人將死或已死了，不管是內在或外在，你的世界都已經改變了。把自己擁抱在悲傷中，你也需要你的愛、你的保護。因此，溫和地與自己在一起，而且要慢慢來，容許自己在這時刻是任何的你的樣子。

發展內在關係的步驟

- 在家裡一個隱私的地方布置一個紀念給所愛的人的一個庇靜所，擺一個供桌放著你所愛的人的相片，或任何對你們的關係而言有意義的東西，固定花些時間在那兒：靜坐、聽音樂、寫作或哭泣都可以。

- 在睡覺之前，孵一個在哀傷中將引導與治療你的夢。把紙和筆放在床邊，早上一起床就立即記下任何你記住的東西。當你醒來時，你還可以再進入一個夢以及和所愛的人的對話，可以問問以下這些問題：你想要什麼？我能為你做什麼？你想要呈現給我什麼？你有什麼要給我的訊息嗎？我需要做什麼以發展一個與你的關係？保持記下有關你所愛的人的夢札記。

- 寫封信給你所愛的人。享受想像提供給你的自由：毫無限制地表達自己、打破舊的聯繫形式、探討未解決的課題。寫下你所思念、後悔、怨恨與感激的。說再見吧！如果你以前沒機會這麼做的話。

- 寫封你所愛的人的回信。當你學習去提供別人發聲的機會時，你就可以覺得自己同時在你自己也在別人裡。

- 寫下或說出，讓這個對話自然地開展，不要去干擾或控制它。你也可以大聲說出或者傾聽正在你腦海裡發生的對話。

- 跟著引導的想像來工作。就像第六章（在頁 129-132）的練

習 6-1、6-2 和 6-3「透過心像的聯繫」，使用所有的內在感官去體驗你所選的情境，然後與你所愛的人會面。

- 包容你所愛的人以及你們關係中的改變，當新的關係開展時，不要讓舊的影像或記憶來指揮你，要有勇氣去看和聽想像在你面前所陳設的一切。

- 使用內在的溝通技術去處理未完結的事情與未解決的課題。談起、表達你受壓抑的感受，誠實與懇摯的，很尊敬地傾聽別人，體驗踏進別人內在以及從他們的觀點來經驗這個關係。這個練習幫助你去發展同理、了解與寬恕。

- 把關係帶到當下，藉由和你所愛的人溝通那些自從他／她死後，在你生命中已經造成的改變。與他／她分享目前什麼在你生命中是重要的，請求支持或指引。

- 記住絕不會太遲去和解、治療舊傷以及表達你的愛。

與瀕死者進行內在溝通

在你的庇靜所裡放輕鬆，閉上眼睛，用你的「心眼」想像進入瀕死者的房間。在床邊坐下，花幾分鐘的時間用所有的感官去感受這個房間。你看到周圍有什麼？你聽到什麼？有沒有任何味道？拿起這個人的手，感覺它的重量、它的溫度，及它的紋路。緊握一下手，或用你的話讓他或她知道你來過。現在你有機會和這個人用以前你從來不覺得可能的方式進行溝通。你可以表達任何你想說的，以幫助你解決你們關係中的衝突。

想像你自己正在表達你的愛和感激，也表達你的失望、遺憾及傷害。下一步，在你的想像裡，小心謹慎且尊重地傾聽你所愛的人想對你說的，繼續你們的對話直到感覺這個對話結束了。然後，你也許會想要一起沉默些許時候。當你覺得準備好要離開時，說聲再見，然後離開房間。打開眼睛，品味一下你的感覺。然後把你的體驗記錄在一本專門為這目的準備的札記中。

以心與臨終所愛的人聯繫

坐下來，閉上眼睛。用幾分鐘的時間，把注意力完全放在你呼吸的方式，感覺氣息通過你的鼻孔，集中在胸骨兩乳之間正中央的地方。覺察那裡的任何感覺，不管那是多細微。你也許會想用手指觸摸那個地方。一旦你的注意力已經集中在那個地方後，就用心地吸氣和呼氣。

現在開始透過你的心和你所愛的人說話——靜靜地、溫和地、信任地、有同理心地。讓想說的話透過呼吸的震波從你的心流出。你也許想告訴這個人你完全地在場，你在乎這個人，在這過程中你要支持這個人，以及如果死亡發生了，你將會思念他／她。或者你可能只想從心裡傳送愛給他／她，當你輕聲訴說時，保持感覺與心相連的狀態。

想像所愛的人正在過世

在你的庇靜所裡坐下，閉上眼睛，放下所有的干擾與關切，把注意力完全放在你想像裡的內在景象。想像你坐在那個快要去世的人身旁，你看到什麼？聞到什麼？聽到什麼？感覺那個人的呼吸是平順或吃力、輕或重？把你的呼吸調到與他／她一致，使你們一起吸氣與呼氣。

你正參與一個過渡的神聖時刻，分享一個生命的最後時刻。現在該是表達你的愛的時刻了，不管用語言或碰觸。還有沒有未解決的議題是你想提出來的？注意傾聽，這個人是不是想和你說話？探索讓你抗拒讓這人走的可能原因；然而，因為要真的放得下可能要花上幾天、幾星期或幾個月，要進行到這個練習的下一個部分之前，別擔心這個過程還沒有結束。

當你準備好時，向這個人確認他或她現在可以出發了。說再見。要完全地在場以及覺察最後一口氣，就如同你已經知道的，這象徵著一生以及你們關係的結束。死亡已經發生後，花點時間和這個遺體在一起，反思一下剛剛所發生的一切以及你的失落。允許自己完全地體驗它的衝擊；如果有必要，就哭吧。既然你已完全參與了所愛之人的過世，冥思一下自己的感覺。注意這個人隨著時間的過去而在身體上產生的任何細微變化，你也許可以感覺他們的靈魂還在那個房間。

當你覺得可以了，就準備離開。打開眼睛，並寫下你所經歷的。

處理夢的七個步驟

1. 第一步是和夢建立關係,把它視為來自無意識的使者。也許你一直忽略你的夢,或貶抑來自心靈層次的信息,但這世界上大部分的文化都有將夢作為治療的工具;弗洛依德和榮格,這二位描繪人類心靈地圖的傑出天才和探險家,都證實夢對人類有非常重要的價值,夢是我們到達本能、埋藏的記憶及無意識的管道。如果你以前一直在迴避這個領域的事實,現在你也許要說服無意識,讓它知道你的確重視它的回饋,而且現在你願意傾聽。如果你以尊重、謙卑及接納的方式接近夢,你將會與你的無意識建立一個有建設性的關係。

2. 在入睡前,積極地下定決心要記住一個夢,你要對任何無意識想呈現給你的事情敞開心胸。如果你現在正為某個問題或議題陷入膠著狀態,請求能作特別針對這件事的夢。

在床邊放一支筆和紙(或錄音機)以及一個手電筒,下決心要寫下你記住的任何片段或夢境,然後去睡覺。如果你在半夜從夢中醒來,立刻寫下來。簡單地記下重點,好讓你稍後可以再回來詳細說明。很多人認為他們可以記住一個夢,所以就不記下來,結果第二天發現它已經飛了。

早上醒來時,先不要急著下床或跟任何人說話,直到你已經花些時間回想了你的夢。不要編輯,寫下任何你記得的,包括任何片段。有時候,一個片段就像一條魚的尾巴——如果你緊緊抓

住它，剩下的夢境可能會從水的深處跟出來；即使你不記得剩下的夢境，片段本身經常是洞察力的豐富資源。

　　如果你有記住夢的困難，那你就要有耐心，千萬不要放棄。有些朋友和我的當事人在紙上或甚至在空中寫下：「我今天晚上要記住一個夢」，而成功克服困難。或者你可以用引導式的想像練習，閉上眼睛，想像你正要去睡覺然後作了一個夢，結果早上醒過來，真的有一個清清楚楚的夢。

　　3.接著，把你的夢記錄在夢札記裡。參考你記下的筆記，用現在式把夢寫下來，好像它現在正在展開一樣。然後給它一個標題。在一個特別的地方寫下夢境，以顯示它的重要性。發個信息給你的無意識，讓它知道你很認真地看待它的信息。

　　寫下你的夢後，花些時間思考它。對不可預期的事要有心理準備；要承認自己的無知。謙卑地接近夢，把突然閃過的判斷放一旁。記得，夢有很多層次的作用，不應該化約到單一的含義。你可能覺得困惑、擾亂不安，甚至抗拒——這些是處理夢的過程中自然的現象。這時候你的工作只是照著夢的影像，讓它們在你身上起作用。榮格在研究了一輩子的夢之後，坦誠夢對他仍然神秘；他覺得沒有信心把自己處理夢的方式稱作一種方法，但他確定對夢的沉思——一次又一次地思考它一段時間，總會有些東西從這沉思中跑出來。

　　4.開始探索需要在夢中得到的解答，向夢及夢中的人物提出問題，這裡有一些可以對夢提出問題的例子：

- 我在這個夢裡做了什麼或沒做什麼？
- 這個夢裡有什麼重要的行動？
- 這個夢裡有些什麼情緒？
- 夢裡的人物是誰？
- 問題、衝突和未解決的情境是什麼？
- 出現哪些療癒的可能性？
- 這個夢向我提出什麼疑問？
- 什麼影像凸顯出來？
- 每個影像和我有什麼關聯？
- 在這夢裡什麼受到傷害或正在治療？
- 這個夢和其他的夢有關嗎？
- 當我在省思這個夢時，有沒有任何日常生活的情境浮現在腦海？
- 這個夢建議或啟發什麼新的選擇？

以下這些問題的例子可以用來問問出現在你夢中的人：

- 你想要什麼？
- 你要展示什麼給我看？
- 你有沒有什麼信息要給我？
- 你的禮物是什麼？
- 我必須做什麼才能發展和你的關係？
- 你要把我帶去哪裡？

5.尋找連結這個夢和其他夢相關聯的線索。如果你發現自己常夢見相似的主題，詳細閱讀你的夢札記中所有同系列的夢，有可能這系列中較早期的夢已經引出後續的夢要探索的問題了，或者後面的夢提供早期的夢缺少的關鍵性資訊。

6.當你經過這些步驟時，切記，夢從不應該被化約到只有一個含意。如果你對夢的某個解釋很有信心，也要對其他可能性保持開放的態度。作家兼心理學家詹姆士·希爾曼（James Hillman）很有見解地寫道：「如果我們回想曾對我們很重要的任何一個夢，隨著時間過去及對它再多點思考，我們會在其中發現更多，它所引出的方向也將更多變化。不管它曾讓無法清楚描述的複雜情境有了多麼明確的轉變，每次對夢的探索都是新的，即使最簡單影像的深度都是高不可測。這種無止境、蘊含性的深度，是夢展現它們的愛的一種方法。」（Hillman, p. 200）

7.其他可以幫助你進一步探索夢的方法：

- 與夢中的人物或影像對話。
- 接納夢中不同人、動物或物體的角色，從那個觀點重新經歷夢。
- 彩繪或描繪這個夢；雕塑出一個夢的影像。
- 把你的夢演出來。
- 在你的想像裡，再回到那個夢，重新作一次那個夢。下面的練習是教你如何再進入你的夢。

再進入一個夢

當你夢到一個過世的人時，把這個夢寫下來。花幾分鐘回想夢中這個人出現時最重要或最生動的部分。然後閉上雙眼，把自己置身在那個情境，重新進入夢裡，即使在原始的夢裡你沒有注意到任何的味道、聲音或質感，現在用你所有的感官體驗這個地方。看看你的四周，觸摸、聞、聽。繼續用你的感官探索這個環境，直到你感到完全出現在自己體內。這可以讓你從夢的記憶搬移到在當下的現場經歷這個夢境。

下一步，注意這個人的表情、動作及穿著。如果細節看起來模糊，那麼就聚焦，就像你用照相機的鏡頭一樣，把焦點放在那個人的一小部分。當你集中注意這部分時，其他的細節可能會愈來愈清晰，然後把你的焦點擴大到包括整個人。

發展你的內在感官需要時間；剛開始作想像練習時，你可能無法清楚地看到影像。即使沒有蒐集到這個人的任何細節，你還是可以感覺到他或她的存在。要覺察你正在經歷的感受。

若要製造互動的機會，直接接近這個人。你也許想對夢中的人物問一問像 78 頁的問題。

在寫給所愛的逝者信中的提問

- 自從所愛的人死後我曾經有過些什麼經驗？
- 我懷念什麼？
- 我遺憾什麼？
- 我們的關係中還有什麼未解決的問題？
- 我憤怒什麼？
- 我感激什麼？
- 從我自己、我所愛的人，以及我們的關係中，我學到什麼？
- 我想延續下去的是什麼？

寫完信後問自己下面的問題：

- 我開放且誠實了嗎？
- 我表達我的愛和感激了嗎？
- 我提出我們關係中未解決的問題了嗎？
- 我還覺得遺憾嗎？
- 還有一些怨恨在煩擾我嗎？
- 還有沒有話沒說出來的？
- 我覺得寬恕了嗎？我有比較諒解了嗎？

265

透過心像處理內在溝通的步驟

- 確認一下你想見誰，想想你們關係中的問題及未處理的問題，自從死亡發生後，這些問題如何影響你對這個人的感覺？

- 在你的庇靜所留下一段不受干擾的時間。坐下，集中注意在你的呼吸，讓你的頭腦清醒，身體安定下來。

- 閉上眼睛，在你的想像裡走到那個療癒的場所（像是花園、曠野、森林、特別的房間或海邊），用你所有的感官探索這個環境。

- 邀請這個人到你為療癒你們的關係所選擇的地方。當他或她接近時，仔細地看。覺察你當時的感受，你也許觀察到這個人的改變；不要緊抓著舊記憶不放。

- 開始對話，提出你關切的議題。坦誠地說，不要干擾自然揭開的情形。你也可以只是靜靜地和這個人在一起，分享沉默的時間。

- 仔細及尊重地傾聽回應。

- 對未預期的發展要抱持接納的態度。例如，這個人可能帶你到某個地方，或給你某個東西；其他的人可能會出現。

- 結束你們的會面。如果你覺得還沒結束，告訴這個家人，很快地你們會在你的想像中再度相會。

- 這個人離開後，花些時間在你的庇靜所。放輕鬆，沉思所發生的經過。
- 寫下你所經歷的。有時候要花點時間才能了解那些經驗的意義或重要性。

喚醒你的內在感官

　　閉上你的眼睛。首先把注意力集中在你的呼吸，察覺你每次呼氣和吸氣時所體驗到的感覺。現在想像你站在廚房中間，角落有個開放的壁爐，你可以聽到柴火爆裂的聲音。靠近一點，把你的手伸到爐火上，感覺一下它的熱度，仔細地看看火焰的顏色。壁爐的鐵板上有個鍋子在燉煮東西，湯正在沸騰，聞聞它的香味。專注在這裡的感覺，看你能不能分辨正在煮什麼，你也許還可以聞到調味料的味道。鍋子的旁邊有一支木湯匙，把它拿起來，感覺它的質地和重量；把它浸到鍋湯裡，舀出一些來試一下味道，在口中品味，感覺你的味蕾在反應。

透過心像的聯繫——曠野

閉上你的眼睛，深呼吸幾下，將焦點放在每一個氣息進出身體的動作。讓氣息成為你由對外界的注意，轉移到想像的內在世界的橋樑。

你坐在一大片綿延到地平線的曠野，你看到一個人影正橫越曠野靠近。當這個人更靠近時，你明白這就是你希望看到的人。察覺你現在的感覺，注意這個人的長相和動作，他或她穿什麼衣服、這個人改變了嗎？要願意放下舊形象，你所愛的人外表和行動的方式可能和你記憶中的樣子不同了。停在這兒和這個人在一起，讓你們的互動不受編輯或干擾地揭開。

讓你所愛的人知道自從他／她死後，你的感覺是什麼——你懷念什麼？遺憾什麼？你感激他或她什麼？向這個人報告自從他死亡之後你的改變，用點時間去傾聽所有的回應和信息。順著這個交換讓它帶著你走。

你覺得準備好了時，跟你所愛的人道別。看著這個人離開，維持覺察你的感覺，花點時間獨處，深思這個經驗，然後打開你的眼睛。

透過心像的聯繫——玫瑰

閉上你的眼睛，想像一朵還緊閉的玫瑰花蕾。用你所有的內在感官去體驗這朵花，它是什麼顏色？感覺起來如何？

這朵玫瑰現在正慢慢地打開，一片接著一片，在花心站著你心愛的人，看著你。去見這個人，讓你們的互動自然地揭開。你可能會被你們之間所發生的情形感到驚訝——有些互動或溝通可能發生，而在這以前你不敢想像它會發生。

現在是更新你們關係的時候，和這個人分享自從死亡發生後你所經歷的改變、感覺、體悟，以及新展望。

當你準備好時，結束你的拜訪。如果你覺得還沒完成，告訴這個人你什麼時候會再拜訪，然後步出玫瑰花的中心，看著花瓣再合起來，包圍並保護著你們會面的地方。

透過心像的聯繫——星星

閉上眼睛，想像你坐在一座小山上。在你上方是綿延的夜空，成千上萬的星星在黑色的夜空中閃閃發光。想著一個已逝所愛的人。讓你的眼睛在整個天空徘徊，直到有一顆星星凸顯出來。看著這顆星星，觀察從它的中心那道光所散發出來的線條，其中一條光線照到你坐的地方。順著這道光芒到這顆星星，當你愈來愈近時，光的強度可能會讓你看不到或淹沒你，你的眼睛可能需要一點時間來調適。

當你到達這顆星星時，走進它的中心，你所愛的人將在那兒等你。用你們所需要的時間去彼此重新熟悉。討論你們中間未完結的事情，分享怨恨、遺憾及感激。然後探索你們現在的關係。承認其中的改變，不管有多微小。

當你準備要離開時，你會有個禮物要帶回，接受它，然後乘著光線回到地球。

和某位還健在的家人做內在的會面

要開始進行這個練習時，先坐定，閉上雙眼，並且把你的察覺帶到你的呼吸上幾分鐘，以調整好你的身體和心思。現在，想像一個治療的地方，這可以是在一般現實環境中你曾經見過或駐足過的地方，也可以是只存在於你想像中的地方。可能存在於大自然中：森林、海灘、瀑布、山頂、花園，或者是一個特別的房間。你可能決定了一個特定的地方，卻發現在另一個景象中呈現出別的；別去抗爭這種情況，相信一切自然發生的事情。

以你全部的感覺去體驗那個地方。看看四周並專注於每一個細節。去觸摸、聆聽、聞一聞；啟動你的內在感官，在這個練習中是很重要的步驟。在想像中你愈能完全地調和所有的感覺，這種想像的經驗就會更強烈。繼續用你所有的感覺去探索這個環境，直到你感覺完全置身在那個地方。

當你覺得已經準備好了，邀請所選定的那位家人加入這個治療的環境中。當這個人靠近了，專注地去察覺你正在經驗的身體感官的變化。不是期待會發生什麼，而是很密切地注意這位家人的表情、動作與穿著，注意察覺你正在感覺的。

有些人覺得，即使是在想像中單獨和這位家人談談，仍然會感到焦慮不安，可以請求一位嚮導來支持與保護；但即使有嚮導站在你旁邊或後面，他也可能不是真的主動參與這個會面，而僅止於用在場來幫你而已。

開始揭露與家人關係中你所在意的議題，誠實、懇摯地說，完全表達你的感受，這是能說出在你關係中被忽略或禁忌的議題之機會。

如果你正帶引出一個過去想要解決的事件，你可能會想要說一說那件事的來龍去脈，當時感覺如何，而現在對此事的感覺又是如何；這件事曾如何影響你，以及現在你想要這位家人為這件事做些什麼。為了達到最好的結果，要避免苛責、操縱或要求；而且要覺得仍然能自由地表達憤怒、保持身體內各種感官的察覺；盡你所能直接清楚地這麼做。這種情緒的表達是為了你自己的治療，不是為了引發別人的反應。

接著，允許你的家人做回應，仔細、尊重地聆聽。讓這種對話與互動自然浮現，千萬別打斷。你可能會發現這位家人表現得和以往截然不同，任由其自然發生吧！注意你自己對這種不熟悉的新關聯方式的抗拒，也許你會不了解正在說什麼；在那兒可能以非口語的方式溝通，也可能只是沉默。別的事可能開始發生，那個人或你的嚮導可能想要讓你看看什麼。接納任何出現的景象，儘管可能是不合常理、令人不安或令人困惑；但是，要相信這個想像正在帶你到治療所需的地方去。輕輕鼓動想像，我們可以趨近一個比可意識的心智所能獲取的更廣大的知識。

為了更深入了解那個家庭成員對你們關係之間的察覺與感受，你可以踏進他／她的身體內。從她／他的眼中去看世界，你曾經如何受傷害，如何努力奮鬥於這種關係中，你想從站在你前面的這個人（也就是你，在你自己的體內）身上得到什麼？你想

要告訴這個人什麼？允許一個在那位家人內在的你以及這個正在和那人關聯的「你」之間對話的展開。

你可能會發現，你們的會晤開始超越個人性，而推升到更靈性的關懷。這並不令人訝異，因為想像是心靈的疆域，以及如同湯姆斯・摩爾所指出的：關係，特別是那些嚴重糾結不清的，仍然可以導引到靈性的揭露。他寫道：「儘管我們可能以為我們的強烈情緒正集中在那個身旁的人，其實我們似乎正被調整好以內在的靈性去面對面，而且我們了解或談論著那種神秘。」（Moore, p. 257）

當你與這位家人的會面要結束時，說一聲再見。如果你覺得尚未完成，讓他／她知道你們仍將在想像中再會面。看著你的家人離去，完全地察覺所有你內在正在發生的。然後，花些時間單獨在你想像的治療地點，沉思剛才發生了什麼而現在感覺如何。你對這個人的感覺有了什麼改變？在想像中的這些地方——躺在草地上、在瀑布或噴泉中洗濯、在海洋中游泳、快樂享用一餐、爬上溫暖的床上……，盡情放鬆，全神貫注於治療上。

對伴侶們的建言

- 重複地相互提醒，悲傷會在你們婚姻／伴侶關係中產生劇烈的壓力，不斷升高的爭吵和緊張是正常的。

- 如果你是那位不處於哀傷中的另一半，教育自己去了解有關另一半正在如何克服哀傷的知識：從和別人討論悲傷、閱讀以及聽有關的錄音帶，盡你所能去學習有關悲傷的本質與時機，了解人們用不同的方式來哀悼。

- 主動地投入彼此的溝通，設定不受干擾的特定時間來談，探討你們正在如何相互支持對方，彼此需要從對方那兒得到什麼，以及悲傷正在如何影響兩人的關係。相互寫封「悲傷中的信」是有助益的（見練習 8-1）。

- 如果兩人之間的溝通破裂，或假如你覺得心情太脆弱、太雜亂了，以至於無法直接和另一半溝通，考慮用內在的心靈溝通技術，例如第六章所述的「想像練習」或第四章所討論的「寫信活動」。

- 給自己有隱遁的時間而不覺得罪惡感，你需要獨自的時間去沉思和治療傷痛，你也可能需要從哀傷中稍作喘息。

- 檢視已浮出婚姻中的議題：埋怨、兩人之間的阻隔、已經變成無法忍受的妥協、來自你父母關係狀態的一些不健康的制約反應。

275

- 把悲傷視為一個可能會更脆弱也會是彼此更包容的機會；悲傷會打開內心的門。
- 時常檢查兩人關係中所面臨的日常失落：這些失落是否被承認、哀悼，以及統整到婚姻中了嗎？有些失落可能需要額外的治療：可能是一個流產或配偶的不貞。考慮做一個可以公開承認這個失落的儀式，以幫助你們彼此解脫；你也可能想要畫出一條「失落時間線」（見第十二章），以得到一個對在關係中所出現的失落的整體了解。
- 承認悲傷會改變你和你們的關係；和另一半花時間去辨識兩人在婚姻／伴侶關係中想要什麼。

寫封表達悲傷的信給你的配偶／伴侶

寫封信給你的配偶，重點放在悲傷如何影響與改變兩人的伴侶關係。到各自的房間裡寫你們的信，盡你們所能地誠實與包容，焦點集中在你們的感受與關切上。

如果你是那位哀傷中的另一半，寫有關於你的哀傷經驗：

- 什麼對你是很困難的？
- 你害怕什麼？
- 你曾經感激另一半什麼？
- 你曾怨恨或後悔什麼？
- 你想從另一半那兒得到什麼？
- 你覺得你的另一半有支持你嗎？
- 如果沒有，他／她可以做什麼來更加支持你呢？
- 有沒有什麼新的領悟或了解從你的悲傷中產生呢？
- 你現在更清楚看到哪些關係中的相處模式呢？
- 你想在兩人的關係中做什麼改變呢？

如果你是那位不處於哀傷中的另一半，寫有關如何和那位哀傷者共處的經驗：

- 什麼對你是很困難或很有挑戰性的？

277

- 你對在伴侶身上所見到的改變感覺如何？
- 你是否已覺得被冷落或遺棄了呢？
- 你是否感受到另一半感激你支持他／她度過危機的努力呢？
- 你現在感激、害怕或後悔什麼嗎？
- 你想要另一半做什麼呢？
- 你對未來的看法是什麼呢？

上述兩種情況，都要用好像另一半以充滿愛意與理解來傾聽的方式去寫，勇於嘗試分享你平常緊守而未表達出來的感情與想法，試著專注於你自己的經驗而非責備或批評另一半。

當你們都各自寫完信了，就相互交換信件。花些時間讀一讀對方的信，省思一下所表達出來的；你們也可以寫封回信或一起坐下來談談你們的反應。

對父母親的建議

- 和你的孩子溝通有關死亡與悲傷的事情，盡可能以小孩能了解的方式，誠實坦率地說。花時間回答小孩的問題，坦承自己所不懂的。同時記住，小孩會依字面斷章取義，例如，假如你告訴他祖母已經「長眠」了或者是「去長途旅行」，他可能會認為假如他去睡覺也會永遠長眠，或者祖母旅行之後會再回來。

- 要考慮小孩的發展階段。兒童不會以大人的方式來哀悼，兒童也沒有和大人相同的能力去忍受長時間的強烈痛苦；他們可能會一次突然發作哀傷，也可能延宕深層的哀慟一直到日後的發展階段。

- 假如小孩也要一起去看一個臨終家人，要先告訴他／她可能會看到什麼。如果小孩不想去，也要尊重其決定；想想其他可以和那位家人溝通的方式，例如，在心裡敘說、引導式的想像、畫一幅畫或寫封信。

- 鼓勵你的小孩去哀悼，並且讓他／她對處於哀傷中可能經歷的事情有所準備，例如可能會覺得難過或不快樂一陣子。邀請小孩和你分享感受與疑問，以及協助小孩用對他／她而言是自然、安全的方式來表達感受，例如用角色扮演與想像。

- 把你的小孩列入喪禮與紀念日的參與名單中，那是他／

279

她的權利。試著保護你的小孩免於接觸死亡與悲傷，可能會有長期持續的負面影響。然而，假如小孩不想去的話，也不要強迫他／她參加喪禮。並且，假如他／她拒絕參與喪禮儀式中的任何部分，也要尊重其決定，譬如，他／她很可能不想往棺材裡看或者是去親吻死者。

- 好好照料與處理你自己的哀傷。你健康哀悼的模式，其示範作用遠比你所了解的還更重要，要讓孩子看到你如何在你的哀傷中照顧自己。你的小孩可能會想要幫你在你的庇靜所裡布置一個供桌，假如小孩看見你定期地利用那個心靈靜地，說不定也想自己嘗試利用那個地方，也學習、體驗你獲得寧靜、安詳以及度過哀傷的方式。

編寫一個童話故事

　　製作一疊目錄卡片，卡片上面有地名、動物和其他生物、有魔法的象徵人物、有魔法的物體，以及人的名字（見下列所建議的名字群），然後把這些卡片朝下分類疊起來，一類放一疊。挑選一個時間，比如臨睡前，並且營造一個容易引發說故事的情境，確定你不會被打擾，把門關起來，點一枝蠟燭，並且把特別的玩具沿著床邊擺放。請你的小孩從五疊卡片中隨機各取出一張，大聲地讀出來，然後把所抽選的卡片放在前面。

　　請你的小孩用這個神奇的開場白「很久很久以前……」，開始說一個以這五張卡片上的字為特色的故事，鼓勵你的小孩以任何順序來使用這五個字，而且可以增加任何想要用的字。如果你的小孩表現出不知道自己可不可以編得出故事的懷疑時，很確定地告訴他／她，這種想像故事只要一開始了，就會很自然地繼續下去，不用擔心。

　　較大的小孩可能會選擇用寫的而不是大聲說出來；這種情況可以由你們其中一人讀給另一人聽。

　　當故事說完了，要你的小孩替故事取一個名字，也可以讓小孩自己畫上插畫，然後就變成一本小故事書了。

　　花些時間去想想你家小孩的自編故事，故事中的核心挑戰或考驗是什麼？所需的協助或指引是以什麼形式呈現？主角如何克服險峻，如何因這些層層考驗而變得更有能力呢？這個編造的故

事是否反映出你小孩內在的衝突或焦慮呢？這個故事是否啟發新的觀點與洞察呢？你是否觀察到小孩在寫完這個故事之後有任何改變呢？你如何支持孩子從這個故事所啟發的任何成長或新的觀點呢？

- **地點：**山、雜貨市場、海、山谷、水池、湖泊、沙漠、城堡、山路、村莊、山洞、隧道、草地、樹、花園、森林、火、地牢、教堂、橋、城市、十字路口、泉水、窪地、島嶼、天堂、河流、船、廟宇、燈塔、火山、牆壁、門、房子、泉水。

- **動物與其他生物：**烏龜、大烏鴉、小蟲、蛇、鴿、鯨、馬、魚、麻雀、鶴、駱駝、羊、鼠、貓頭鷹、青蛙、天鵝、狐狸、鱷魚、狗、貓、燕子、熊、獅子、鷹、猴子、蜜蜂、豬、海豚、孔雀、牛、野兔、公雞、狼、公牛、蝴蝶、烏鴉、大象、豹、蜘蛛、雄鹿、禿鷹、鷹。

- **有魔法的象徵：**獨角獸、龍、侏儒、巨人、仙女、小妖精、美人魚、天使、女魔法師、小矮人、妖怪、術士、預言者、仙女教母、鳳凰、半人馬、獅鷲、小精靈、巫師。

- **有魔法的物品：**蛋、黃金、大鍋、戒指、象牙、石頭、王冠、貝殼、十字架、金銀財寶、種子、鼓、星星、號角、錨、珍珠、鈴、箭、梯子、劍、玫瑰、書、

斧頭、骨頭、弓、蠟燭、披風、水晶、鑽石、羽毛、
火、笛子、高腳杯、聖餐杯、頭盔、藥草、寶石、鎖
匙、燈、豎琴、假面具、鏡子、珍珠、繩子、面紗、三
叉魚叉、雷電、聖杯、火炬、刺、月亮、太陽、線。

- **人物**：彈豎琴的人、隱士、騎士、公主、王子、皇
  后、國王、母親、父親、祖母、祖父、音樂家、老人、
  老婦人、妓女、野人、兒童、小丑、農夫、牧師、女牧
  師、修女、修道士、仕女、木匠、商人、女孩、男孩、
  海盜、吉普賽人、傻瓜、兄弟、姊妹、處女、雙胞胎、
  病弱的人、朋友、孤兒、老太婆。

如何支持一個在哀傷中的朋友

要對正在哀傷中的朋友提供更好的支持，記住使用內在溝通技術將幫助你保持和朋友的聯繫，即使他／她已經對你退卻了。你可以用意象與朋友在想像世界中會面、寫信或展開一段對話。以下建議將幫助你把悲傷統整到日常的友誼關係中。

- 教育自己了解在哀傷中的朋友正在度過什麼狀況。閱讀有關悲傷的書，聽相關的錄音帶，和曾經哀傷過的人談談。你可以預期正在哀傷的朋友會很情緒化、混亂、靜不下來，以及不可捉摸。別期望很快會恢復常態，你的朋友可能有時要你陪著，有時又想獨處；有時想和你聊聊，有時又沉默不語，也就隨著他／她吧。

- 承認死亡及其對你朋友的影響是很重要的。接受你的朋友正處於一個轉變的狀態，假如你願意的話，心情也可以突然改變，即使是單純的聯繫也會令人窩心。表達你對明白朋友的感受與關切的興趣；記住，你不必想辦法讓朋友覺得好過些。如果朋友哭了，就盡量支持他／她；如果朋友想說說話，就仔細傾聽，以充滿信心地展現你的信任與可靠。避免給一大堆建議，即使是因為你覺得面對這麼多痛苦可能會變得很無助，因而迫使你想這麼做。

- 在小地方幫忙。你可以帶來一頓飯與鮮花，幫忙跑跑腿、寄卡片，以及用電話定期問問朋友的情況。

- 能願意承認在這種情況下自己的無助。假如自己感受到朋友強烈的哀傷情緒而感到喘不過氣或驚嚇，也要誠懇地向朋友表達。你可能需要稍微拉回一陣子，假如是這樣，要讓朋友知道你的情形。

- 試著不要把朋友的拒絕以個人化來看待，很多正在哀悼中的人沒有精力去想要體貼或客氣點。

- 你的友誼關係可能會因為朋友的悲傷而產生變化。有些友情加深了，有些可能會疏遠。哀悼舊情誼的失落，並包容新的變化。

治療那些已傳遞幾世代的悲傷

坐下來，閉上雙眼；然後集中知覺在你的呼吸上，把氣深深吸到小腹裡。當吐氣時放輕鬆，愈來愈專注於當下，注意正在發生的情緒與感覺。

感覺你的知覺正在擴展，超越時空的限制，你的想像在這裡浮動著，充滿了許許多多治療的機會。

想像自己正置身在一個安詳的地方，在那兒可以滋養心靈——可以是在山上、森林裡或海邊。想像這些景像圍繞著你，體驗周遭的聲音、景色與氣味。讓附近有大量的水，可能是河流、湖泊或海洋。花些時間在此地放輕鬆，盡情置身在靜謐與安詳之中。

邀請你的家人到這個靜地來，為了治療那已傳遞數代的未解決的悲傷。向他／她介紹這個地方，再花些時間把安詳納進來，好讓你們都放鬆與接納，這要慢慢來，不要急。

找一個舒服的地方和這位家人坐下來，現在邀請他／她與你分享那埋藏在他／她內心已久的悲傷。當他／她顯現出從未表達的情緒時，你只要聆聽。當你傾聽時，你能夠用想像的眼睛看到他心中未解決的悲傷。看起來像什麼呢？是什麼顏色？是什麼觸感？看進去你自己的內心，你是否看到同樣未解決的悲傷被埋藏在你內心呢？

當你的家人分享完之後，問問他／她是否已準備好要讓那個悲傷離開了呢？如果還沒有，讓他／她知道你改天會再回來談

談，並且一起為更進一步的治療而在一起。

　　如果你的家人已準備好要讓那悲傷「走吧」，邀請他／她把那悲傷聚集起來，用雙手把悲傷從內心舀出來，當他／她要把那悲傷帶到想丟進去河、海或湖水中時，陪著他／她走過去。當那悲傷溶解與消失時，仔細地看著，你會發現，悲傷也正被洗滌與轉化了。

　　如果那未解決的悲傷已經傳給了你，同樣也是輕輕地把那原本就不屬於你的悲傷從你內心收集到手中，把它捧到水邊，放在可以被洗淨與轉化的水裡。然後，也是看著它溶解與消失，好好體會不再背負這個悲傷的感覺像什麼。

　　做完之後，就只是和你的家人在一起，感覺你們內在的安詳──了然這個安詳已存在你們內心之中了。

打開心門

閉上雙眼，然後集中注意力在胸骨兩乳之間正中央，也同樣是在第二章練習 2-2「以心與臨終所愛的人聯繫」要集中注意的地方。你可能會想用大拇指去輕輕壓那個點，把氣深深吸進這個點，就像你正在觸壓那個地方的敏感點，每一口氣帶你更深入你的心。慢慢打開一直留守在那兒的痛苦，那一輩子隱藏在黑暗角落的失落。

讓你的心體會所有失落的痛苦：失去雙親、失去小孩、失去夢想、離開那些你愛的人，以及自己拉出內心的悲傷。敞開你的心去接受這些失落，以憐憫來擁抱失落。感覺悲傷、痛楚，以及長久以來的失落：不敢輕彈的淚、好像從來沒有活著的時刻。給痛苦、治療騰出內心的空間。繼續吸氣到心裡面，感覺心正變得更有空間，學習不會一有痛苦就把心封閉起來。

參考書目

Achterberg, Jeanne. *Imagery in Healing: Shamanism and Modern Medicine*. Boston: Shambhala, 1985.

Allende, Isabel. *Paula*. New York: HarperCollins, 1994.

Ashley, Judy A. "My Mother's Hair." In *Loss of the Ground-Note: Women Writing about the Loss of Their Mothers*, edited by Helen Vozenilek. Los Angeles: Clothespin Fever Press, 1992.

Bettelheim, Bruno. *The Uses of Enchantment: The Meaning and Importance of Fairy Tales*. New York: Random House, Vintage Books, 1989.

Boa, Fraser. *The Way of the Dream: Conversations on Jungian Dream Interpretation with Marie-Louise Franz*. Boston: Shambhala, 1994.

Bradshaw, John. *Bradshaw On: The Family: A Revolutionary Way of Self-Discovery*. Deerfield Beach, Fla.: Health Communications, 1988.

Bynum, Edward Bruce. *Families and the Interpretation of Dreams: Awakening the Intimate Web*. New York: Harrington Park Press, 1993.

Byrd, Richard. *Alone*. New York: Kaodansha International, 1995.

Callanan, Maggie, and Patricia Kelley. *Final Gifts: Understanding the Special Awareness, Needs, and Communications of the Dying*. New York: Bantam Books, 1993.

Colette. *My Mother's House and Sido*. New York: Ferrar, Straus & Giroux, 1975.

Doore, Gary, ed. *What Survives? Contemporary Explorations of Life after Death*. Los Angeles: Jeremy P. Tarcher, 1990.

Epel, Naomi. *Writers Dreaming: Twenty-Five Writers Talk about Their Dreams and the Creative Process*. New York: Random House, Vintage Books, 1993.

Eppinger, Paul, and Charles Eppinger. *Restless Mind, Quiet Thoughts: A Personal Journal*. Ashland, Ore.: White Cloud Press, 1994.

Garfield, Patricia. *The Dream Messenger*. New York: Simon & Schuster, 1997.

Hillman, James. *The Dream and the Underworld*. New York: HarperCollins, 1979.

Houston, Jean. *The Search for the Beloved*. Los Angeles: Jeremy P. Tarcher, 1987.

Jampolsky, Gerald G. *Forgiveness: The Greatest Healer of All*. Hillsboro, Ore.: Beyond Words Publishing, 1999.

Jung, C. G. *Memories, Dreams, Reflections*. New York: Random House, Vintage Books, 1961.

Kalish, Richard A., and David K. Reynolds. *Death and Ethnicity: A Psychocultural Study*. Los Angeles: University of Southern California Press, 1976.

Kaplan, Louise. *No Voice Is Ever Wholly Lost: An Exploration of Everlasting Attachment between Parent and Child*. New York: Simon & Schuster, 1995.

Kast, Verena. *A Time to Mourn: Growing through the Grief Process*. Einsiedeln, Switzerland: Daimon Verlag, 1988.

Kennedy, Alexandra. *Losing a Parent: Passage to a New Way of Living*. San Francisco: HarperSanFrancisco, 1991.

Kramer, Kenneth P. *The Sacred Art of Dying: How the World Religions Understand Death*. Mahwah, N.J.: Paulist Press, 1988.

Larsen, Stephen. *The Mythic Imagination: The Quest for Meaning through Personal Mythology*. New York: Bantam Books, 1990.

Lerner, Harriet. *The Dance of Intimacy: A Woman's Guide to Courageous Acts of Change in Key Relationships*. New York: HarperCollins, 1989.

——. *The Mother Dance: How Children Change Your Life*. New York: HarperCollins, 1998.

生死一線牽：超越失落的關係重建

Levine, Stephen. *Who Dies? An Investigation of Conscious Living and Conscious Dying*. Garden City, N.Y.: Doubleday, Anchor Books, 1982.

McLeod, Beth Witrogen. *Caregiving: The Spiritual Journey of Love, Loss and Renewal*. New York: John Wiley and Sons, 1999.

——. "The Caregivers." *The San Francisco Examiner*, April 9, 1995.

Miller, Sukie. *After Death: How People around the World Map the Journey after We Die*. New York: Simon & Schuster, 1997.

Mindell, Arnold. *Coma: Key to Awakening*. Boston: Shambhala, 1989.

Moore, Thomas. *Soul Mates: Honoring the Mysteries of Love and Relationship*. New York: HarperCollins, 1994.

Nietzsche, Friedrich Wilhelm. *The Portable Nietzsche*. Edited by Walter Kaufmann. New York: Viking, 1977.

Nouwen, Henri J. *In Memoriam*. Notre Dame, Ind.: Ave Maria Press, 1980.

O'Donohue, John. *Eternal Echoes*. New York: HarperCollins, 1999.

Rando, Therese A. *How to Go On Living When Someone You Love Dies*. New York: Bantam Books, 1991.

Remen, Rachel Naomi. *My Grandfather's Blessings: Stories of Strength, Refuge and Belonging*. New York: Putnam, Riverhead, 2000.

Rinpoche, Sogyal. *The Tibetan Book of Living and Dying: A New Spiritual Classic from One of the Foremost Interpreters of Tibetan Buddhism to the West*. San Francisco: HarperSanFrancisco, 1992.

Roth, Philip. *Patrimony*. New York: Simon & Schuster, 1991.

Saint-Exupery, Antoine de. *The Little Prince*. New York: Reynal & Hitchcock, 1943.

Satir, Virginia. *The New Peoplemaking*. Mountain View, Calif.: Science and Behavior Books, 1988.

Saunders, Cicely. "I Was Sick and You Visited Me." *Christian Nurse International*, no. 4 (1987).

Savage, Judith A. *Mourning Unlived Lives: A Psychological Study of Childbearing Loss*. Wilmette, Ill.: Chiron Publications, 1989.

Ulanov, Ann, and Barry Ulanov. *The Healing Imagination: The Meeting of Psyche and Soul*. Mahwah, N.J.: Paulist Press, 1991.

Viorst, Judith. *Necessary Losses*. New York: Fireside, 1986.

Von Franz, Marie-Louise. *On Dreams and Death: A Jungian Interpretation*. Boston: Shambhala, 1987.

Watkins, Mary. *Waking Dreams*. Dallas, Tex.: Spring Publications, 1976.

Welshons, John E. *Awakening from Grief: Finding the Road Back to Joy*. Little Falls, N.J.: Open Heart Publications, 2000.

Whyte, David. Workshop: Association of Transpersonal Psychology Annual Conference, Asilomar, Calif., August 4, 1991.

Wickes, Frances G. *The Inner World of Childhood*. Englewood Cliffs, N.J.: Prentice Hall, 1972.

生
死
一
線
牽
：
超
越
失
落
的
關
係
重
建

國家圖書館出版品預行編目資料

生死一線牽：超越失落的關係重建／Alexandra
Kennedy 作；張淑美, 吳慧敏合譯.
--初版. --臺北市：心理, 2003（民 92）
面；　　公分.--（生命教育；7）
含參考書面：面
譯自：The infinite thread : healing relationships
　　　beyond loss
ISBN 978-957-702-617-0（平裝）

1.失落（心理學）　　2.生死學

176.5　　　　　　　　　　　　　92014794

生命教育 7　生死一線牽：超越失落的關係重建

作　　　者：Alexandra Kennedy
譯　　　者：張淑美、吳慧敏
執 行 編 輯：林怡君
總 編 輯：林敬堯
發 行 人：洪有義
出 版 者：心理出版社股份有限公司
社　　　址：台北市和平東路一段 180 號 7 樓
總　　　機：(02) 23671490　　傳　　真：(02) 23671457
郵　　　撥：19293172　心理出版社股份有限公司
電子信箱：psychoco@ms15.hinet.net
網　　　址：www.psy.com.tw
駐美代表：Lisa Wu　　tel: 973 546-5845　　fax: 973 546-7651
登 記 證：局版北市業字第 1372 號
電腦排版：亞帛電腦製作有限公司
印 刷 者：博創印藝文化事業有限公司
初版一刷：2003 年 8 月
初版三刷：2009 年 9 月

讀者意見回函卡

No. _____   填寫日期：　年　月　日

感謝您購買本公司出版品。為提升我們的服務品質，請惠填以下資料寄回本社【或傳真(02)2367-1457】提供我們出書、修訂及辦活動之參考。您將不定期收到本公司最新出版及活動訊息。謝謝您！

姓名：_____　　性別：1□男　2□女

職業：1□教師 2□學生 3□上班族 4□家庭主婦 5□自由業 6□其他____

學歷：1□博士 2□碩士 3□大學 4□專科 5□高中 6□國中 7□國中以下

服務單位：_____　部門：_____　職稱：_____

服務地址：_____　電話：_____　傳真：_____

住家地址：_____　電話：_____　傳真：_____

電子郵件地址：_____

書名：_____

一、您認為本書的優點：（可複選）

　❶□內容 ❷□文筆 ❸□校對 ❹□編排 ❺□封面 ❻□其他____

二、您認為本書需再加強的地方：（可複選）

　❶□內容 ❷□文筆 ❸□校對 ❹□編排 ❺□封面 ❻□其他____

三、您購買本書的消息來源：（請單選）

　❶□本公司 ❷□逛書局⇨_____書局 ❸□老師或親友介紹

　❹□書展⇨____書展 ❺□心理心雜誌 ❻□書評 ❼其他_____

四、您希望我們舉辦何種活動：（可複選）

　❶□作者演講 ❷□研習會 ❸□研討會 ❹□書展 ❺□其他____

五、您購買本書的原因：（可複選）

　❶□對主題感興趣 ❷□上課教材⇨課程名稱_____

　❸□舉辦活動　❹□其他_____　　（請翻頁繼續）

廣　告　回　信
台 北 郵 局 登 記 證
台 北 廣 字 第　940　號
（免貼郵票）

 心理出版社 股份有限公司

台北市 106 和平東路一段 180 號 7 樓

TEL: (02) 2367-1490
FAX: (02) 2367-1457
EMAIL:psychoco@ms15.hinet.net

沿線對折訂好後寄回

六、您希望我們多出版何種類型的書籍

❶□心理　❷□輔導　❸□教育　❹□社工　❺□測驗　❻□其他

七、如果您是老師，是否有撰寫教科書的計劃：□有□無

　　書名／課程：＿＿＿＿＿＿＿＿＿＿＿＿＿＿＿＿＿＿＿＿

八、您教授／修習的課程：

上學期：＿＿＿＿＿＿＿＿＿＿＿＿＿＿＿＿＿＿＿＿＿＿＿＿

下學期：＿＿＿＿＿＿＿＿＿＿＿＿＿＿＿＿＿＿＿＿＿＿＿＿

進修班：＿＿＿＿＿＿＿＿＿＿＿＿＿＿＿＿＿＿＿＿＿＿＿＿

暑　假：＿＿＿＿＿＿＿＿＿＿＿＿＿＿＿＿＿＿＿＿＿＿＿＿

寒　假：＿＿＿＿＿＿＿＿＿＿＿＿＿＿＿＿＿＿＿＿＿＿＿＿

學分班：＿＿＿＿＿＿＿＿＿＿＿＿＿＿＿＿＿＿＿＿＿＿＿＿

九、您的其他意見

＿＿＿＿＿＿＿＿＿＿＿＿＿＿＿＿＿＿＿＿＿＿＿＿＿＿＿＿＿

謝謝您的指教！　　　　　　　　　　　　　　　4700